商务知识并不难系列

图解经营学

[日]平野敦士卡尔 编著

刘江宁 译

中国科学技术出版社
·北京·

前　言

如果你对经营学颇感兴趣却对其内容不甚了解，那么这本书就非常适合你阅读。

大体来讲，经营学是一门研究企业的学问。

就企业而言，既有大型企业，也有中小型企业，规模各不相同，甚至还有一些企业是由个人经营的。

为了经营一家企业，你需要学习如何管理它、如何销售企业的商品和服务、如何赚取利润、如何构建企业体制机制，以及如何筹集和使用必要资金等各种知识。

经营学并非单纯针对个别企业进行的研究。它是从成功的运营方法和失败的运营案例中找到今后可以为社会和经营者们所用的经营体制和方式，并利用逻辑思维对其进行总结归纳。

因此，经营学又被划分为经营战略、市场营销、商业模式、生产管理、经营组织和财务金融等多个领域，而这些统称为经营学。

提到经营战略和市场营销，或许有些读者会对此感到陌生，所以我在此做一些补充说明。同时，这也是读者要在本书中学习的内容，所以希望各位读者能够牢牢掌握其概念。

经营战略——企业为世界提供价值的战略（第二章和第三章）

市场营销——了解客户需求的方法（第四章和第五章）

商业模式——用实例解释企业的盈利机制（第六章）

生产管理——根据市场需求进行生产和管理（第七章）

经营组织——企业的最佳组织运营方法（第八章）

财务金融——资金的筹集和使用（第九章）

顺便一提，这是一本非常实用的经营学入门书籍。即使你对经营学一无所知，也可以通过简明的文字和轻松愉悦的插图来了解并掌握经营学的基本知识。另外，一旦你了解了经营学，就能看透企业的想法、经营者的想法、上司和竞争对手公司的想法以及各种社会运作模式。而如果你能看透这个社会是如何运作的，那么你就会对报纸上的财经新闻产生兴趣，进而改变自身的行为举止。

如果这本书能够成为你提升自我的契机，那么我将不胜欣喜。

平野敦士卡尔于热海联排别墅

目录 CONTENTS

第一章 经营学的基本理论

1. 经营学中的"经营"究竟指的是什么？ ……… 2
2. 经营学是一门怎样的学问？ ……………………… 4
3. 经营学大致包括哪些领域？ ……………………… 6
4. 经营学和经济学的不同之处 ……………………… 8
5. 何为股份有限公司？ ……………………………… 10
6. 子公司和联营公司之间有什么区别？ ………… 12
7. 何为控股制？ ……………………………………… 14
8. 何为并购（M&A）？ ……………………………… 16
9. 何为风险企业？ …………………………………… 18

经营学人物档案 No.1　弗雷德里克·泰勒 ……… 20

第二章 经营战略的基本理论 1

1. 何为经营战略？ …………………………………… 22
2. 何为经营战略的三大构造？ ……………………… 24
3. 企业的经营战略都包含哪些种类？ …………… 26
4. 如何制定经营战略？（上） ……………………… 28
5. 如何制定经营战略？（中） ……………………… 30
6. 如何制定经营战略？（下） ……………………… 32
7. 为了制定经营战略，我们需要把握外部环境 … 34

❽ 为了制定经营战略，我们需要把握外部环境和内部环境（上）…… ㊱
❾ 为了制定经营战略，我们需要把握外部环境和内部环境（下）…… ㊳
❿ 如何了解本企业的优势所在？………………………………… ㊵
　　经营学人物档案 No.2　马克斯·韦伯 …………………… ㊷

第三章 经营战略的基本理论 2

❶ 如何制定企业总体战略？……………………………………… ㊹
❷ 如何分配资金？………………………………………………… ㊻
❸ 如何选择易于取胜的行业？…………………………………… ㊽
❹ 如何判断一个企业是否具备发展潜力？……………………… ㊿
❺ 如何在与其他企业的竞争中获胜？（上）…………………… 52
❻ 如何在与其他企业的竞争中获胜？（中）…………………… 54
❼ 如何在与其他企业的竞争中获胜？（下）…………………… 56
❽ 如何促进企业取得成功？……………………………………… 58
❾ 如何确认经营战略是否已然奏效？…………………………… 60
　　经营学人物档案 No.3　切斯特·巴纳德 …………………… 62

第四章 市场营销的基本理论 1

❶ 何为市场营销？………………………………………………… 64
❷ 市场营销的目标受众是什么？………………………………… 66

❸ 市场营销中最重要的是什么？ ……………………………… 68
❹ 如何制定营销战略？ ……………………………………… 70
❺ 如何精准锁定目标客户？ ………………………………… 72
❻ 市场营销中必须具备的4个视点 ………………………… 74
❼ 如何确定本企业所处的市场位置？ ……………………… 76
❽ 营销战略随着企业在行业中所处位置的改变而改变 …… 78
❾ 并非所有的高科技产品都会受到人们的青睐 …………… 80
❿ 产品也是有生命周期的 …………………………………… 82
⓫ 如果没有竞争对手，企业会获得成功吗？ ……………… 84

经营学人物档案 No.4　菲利普·科特勒 ……………………… 86

第五章 市场营销的基本理论 2

❶ 何为顾客满意度？ ………………………………………… 88
❷ 如何在市场营销中灵活运用客户信息？ ………………… 90
❸ 应该偏向重要客户吗？ …………………………………… 92
❹ 如何培养本企业的长期客户？（上）…………………… 94
❺ 如何培养本企业的长期客户？（下）…………………… 96
❻ 什么是注重生活方式的营销技巧？ ……………………… 98
❼ 消费者购买行为的背后是否存在某种机制呢？ ………… 100
❽ 调动消费者感情也是一种市场营销吗？ ………………… 102
❾ 如何让更多人了解本企业的产品？ ……………………… 104
❿ 如何利用信息技术来进行市场营销？（上）…………… 106
⓫ 如何利用信息技术来进行市场营销？（下）…………… 108

经营学人物档案 No.5　迈克尔·波特 ……………………… 110

第六章 商业模式的基本理论

1. 何为商业模式？ ……………………………………… 112
2. 商业模式的时代变迁 ………………………………… 114
3. 何为消耗品模式？ …………………………………… 116
4. 何为会员制模式？ …………………………………… 118
5. 互联网中隐藏着哪些商业模式？ …………………… 120
6. 社交游戏是一种怎样的商业模式？ ………………… 122
7. Facebook的强大之处在哪里？ ……………………… 124
8. 亚马逊公司的强大之处在哪里？ …………………… 126
9. 何为品牌授权经营业务？ …………………………… 128
10. 众筹是一种怎样的运作机制？ ……………………… 130

经营学人物档案 No.6 克莱顿·克里斯坦森 ………… 132

第七章 生产管理的基本理论

1. 何为生产管理？ ……………………………………… 134
2. 何为盈亏平衡点？ …………………………………… 136
3. 有哪些不同类型的生产方式？ ……………………… 138
4. 根据丰田汽车公司的工作方式而开发的生产方式 … 140
5. 有哪些提高生产效率的方法？ ……………………… 142
6. 何为PB商品战略？ …………………………………… 144
7. 有生产标准的产品与无生产标准的产品之间有何不同？ … 146
8. 何为规模经济？ ……………………………………… 148

9 何为范围经济？ ······ 150
经营学人物档案 No.7 萨阿斯·萨阿斯瓦斯 ······ 152

第八章 经营组织的基本理论

1 何为经营组织？ ······ 154
2 如何才能提高经营组织的效率？ ······ 156
3 经营组织结构包括哪些类型？ ······ 158
4 如何分析本企业的组织架构？ ······ 160
5 如何实施组织变革？ ······ 162
6 日本人思维中的组织理论是怎样的？ ······ 164
经营学人物档案 No.8 戴维·蒂斯 ······ 166

第九章 财务金融的基本理论

1 何为金融科技？ ······ 168
2 何为现金流量？ ······ 170
3 何为财务报表？ ······ 172
4 何为经营指标？ ······ 174
5 何为股票市价总值？ ······ 176
经营学人物档案 No.9 彼得·德鲁克 ······ 178

参考文献 ······ 179

第一章

经营学的基本理论

经营学不是一门单纯致力于帮助企业谋取经济利益的学科。与企业本身无关,它研究的是如何最有效地利用一个组织的资源来为世界提供价值。在本章中,我将为大家介绍一些关于经营学的基本概念和理论。

基础知识①

人、财、物与信息的组合体!

经营学中的"经营"究竟指的是什么?

公司

因为这家公司颇具潜力,所以我要投资它!

股东

循环

正是依靠股东的投资和顾客的消费,公司才得以正常运行。

划重点！ **企业用股东购买企业股份的资金来经营**

　　所谓企业经营，就是企业用股东提供的资金向顾客提供产品和服务，然后将从中获得的部分资金以股息红利的形式返还给股东。许多企业利用股东提供的资金、银行贷款，以及通过发行公司债券所得资金等来进行经营，每天都在冥思苦想该如何才能吸引更多的顾客来购买它们的产品和服务。

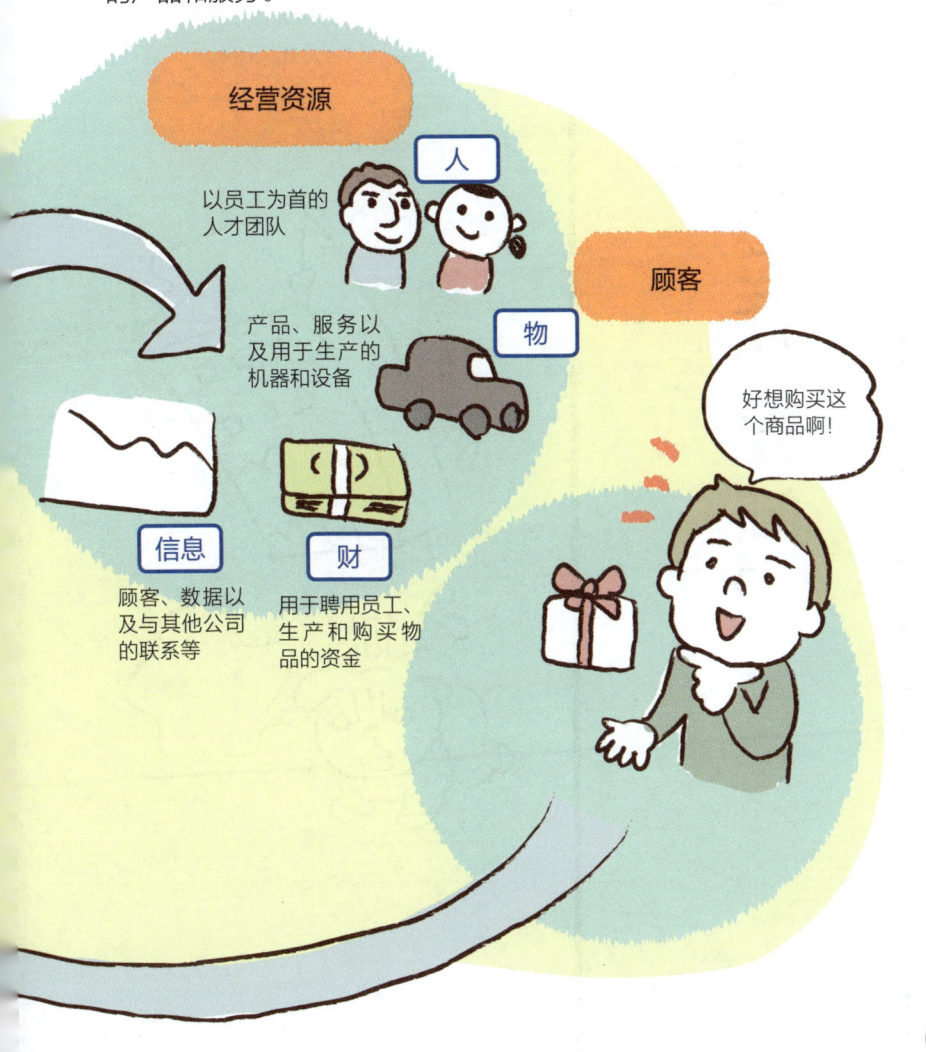

第一章 · 经营学的基本理论

经营资源

人
以员工为首的人才团队

物
产品、服务以及用于生产的机器和设备

信息
顾客、数据以及与其他公司的联系等

财
用于聘用员工、生产和购买物品的资金

顾客

好想购买这个商品啊！

3

基础知识②

经营学是一门怎样的学问？

企业经营中存在取胜理论

划重点！ 通过反复分析和实践才能找到制胜之道

经营学是一门从企业经营成功的方法和失败的案例中总结成功法则和免败战略的学问。换句话说，经营学就是要总结关于经营的一般性规律，但经营本身非常容易受到时代和社会的影响。

经营失败了！

这意味着旧的规则已经不能完全适用于现代环境了。

在一个新的环境中，人们往往创作出一系列由假说构成的规则，并将其付诸实践。一旦其中某些规则适应了当下环境并被证明是有意义的，就会被作为新的常规确定下来。如此这般，循环往复。

听到此处，或许会有人认为我们没有必要再学习旧规则了。其实不然，因为只有在我们对历经多年才构建起来的经营学基础知识体系进行理解和把握之后，才能够创造出新的规则。换言之，学习旧规则同学习新规则同等重要。

过去曾有过这样的失败经历！

为了避免相同的失败悲剧再次发生，我该怎么办呢？

1 假说
在旧规则的基础上，按照自己的想法创建一个临时性战略。

2 验证
为验证假说是否正确且有效，我们需要将其付诸实践活动。

3 结果
通过验证便可以知道假说的哪些部分是正确的，哪些部分需要进行修正。基于验证结果，我们要再次对假说进行思考和推敲。

假说 → 结果 → 验证 循环往复

第一章 · 经营学的基本理论

基础知识③

经营学的范围是如此广泛!

经营学大致包括哪些领域?

> 虽然并无定论,但经营学大致可以分为这10个领域。

划重点! 所有流派紧密地结合在一起汇成经营学的大干流

虽然并无定论,但经营学大致可以分为以下10个领域。

其中有4个领域是同销售商品及提供服务紧密相关的,它们分别是:① 经营战略:学习如何在竞争中战胜其他企业;② 市场营销:适应社会需求提供相应的商品和服务;③ 调查研究:为做好市场营销工作而进行的调查;④ 信息管理:对购买过产品或服务的客户所提出的意见进行收集和处理。此外,为了凸显在市场营销和信息管理中所获

第一章 · 经营学的基本理论

饼图中各部分：
- 财政金融（资金的筹集、管理和使用）
- 经营战略（在竞争中战胜其他企业的方法）
- 市场营销（适应社会需求提供相应的商品和服务）
- 会计（记录和汇报财务收支情况）
- 调查研究
- 领导力（带领整个组织的"领头羊"）
- 组织人事管理（制定一系列经营流程）
- 信息管理（对客户所提出的意见进行处理）
- 生产管理（凸显在市场营销和信息管理中所获得的创意）
- 后勤物流（摸索提高工作效率）

得的创意，我们需要通过"生产管理"的途径，来研究如何才能在保证商品或服务品质的前提下降低成本，并且还要通过"后勤物流"来探索如何更高效地将产品交付给分销商和客户。另外，制定一系列流程的"组织人事管理"和带领组织前进的"领导力"都发挥着重要作用。最后，记录和汇报企业活动中财务收支情况的"会计"和负责资金筹集、管理和使用的"财务金融"也被纳入经营学的范畴。这10条支流紧密地结合在一起，共同汇成了经营学的大干流。

7

基础知识④

学习视角的广度具有决定性作用！

经营学和经济学的不同之处

划重点！ 区分经营学和经济学的关键在于辨别两者的关注点

因为经营学和经济学在名称上非常相似，所以可能有人会把两者混淆在一起。其实两者并非同一概念。经营学是一门以企业活动为研究对象的学问。与此相对，经济学的研究视点不仅限于企业本身，还将个人、国家乃至整个世界的各种经济活动纳入研究范围。比如，当一个国家处于经济衰退期时，经济学者就要着眼于整个国家的经济机制，并为政府提供改善经济的措施建议，且需要研究判断物价下降时，消费者和企业应该进行何种消费行为和活动。与此不同，经营学研究的则是如何在同样的状况下为企业找到最佳的生存方式。

经营学和经济学究竟有何不同呢？

经济学

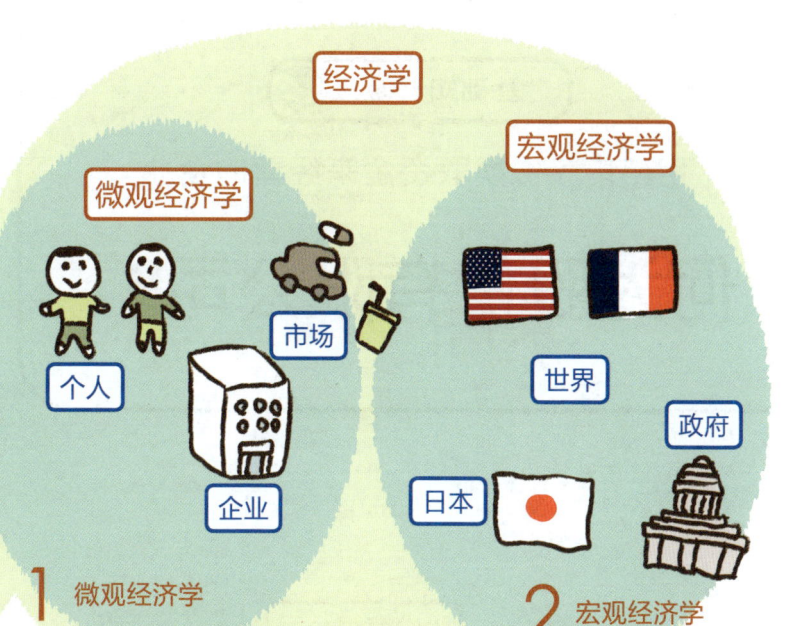

微观经济学

宏观经济学

1 微观经济学

是一门研究消费者和企业的学问,其目的是找出消费者和企业在不同情况下会进行何种消费活动的行为规律。

2 宏观经济学

着眼于世界的同时,思考一个国家在整体上应该开展何种经济活动。

经营学

嗯……与其他企业的合作、收购与合并……

经营学是一门专门研究企业生存之道的学问。

第一章 • 经营学的基本理论

基础知识⑤

用出售股份换取资金来经营的企业

何为股份有限公司？

股份有限公司

股东 **企业**

我要投资啦！

股票

这样我们企业也就成为股份有限公司啦！

1 股份有限公司

一个通过让他人购买其发行的股票来筹集资金的组织形式。当企业规模较小时，可由经营者自身或由其亲属购买股票。

划重点！ 所有企业都以上市为目标，以扩大其规模

　　股份有限公司是一种可以通过发行股票来筹集资金用于业务经营的组织形式。其中，经营者自身可以承担股东身份，也可以让其他人通过购买股票的方式成为股东。

　　当一个企业发展壮大后，任何人都可以在证券交易所购买该企业发行的股票，这就叫作"上市"。企业上市后能够聚集更多的资金，从而可以进一步扩大企业规模。

上市

有很多人都过来投资呢！

将来这只股票的价格一定会上涨，所以我们要趁现在抓紧时间购入！

股东

2 上市

随着企业的规模壮大并获得证券交易所的批准，其发行的股票可供任何人购买。因此，会有越来越多看好该企业发展前景的人投资该企业。

第一章 • 经营学的基本理论

基础知识⑥

子公司和联营公司之间有什么区别？

持股比例是关键因素

> **划重点！** 要提高自身影响力，并加快公司的运行速度

想必大家都听说过"子公司"和"母公司"的说法。在此，我为大家做一个简单的解释。例如，企业X在企业Y的股东大会上拥有超过50%的表决权，那么X就被称为"母公司"，Y则被称为"子公司"。此外，如果X持有Y 40%以上的

子公司与联营公司

- 母公司
- 母公司持有超过50%的股份 → 子公司
- 母公司持有20%~50%的股份 → 联营公司

1 子公司

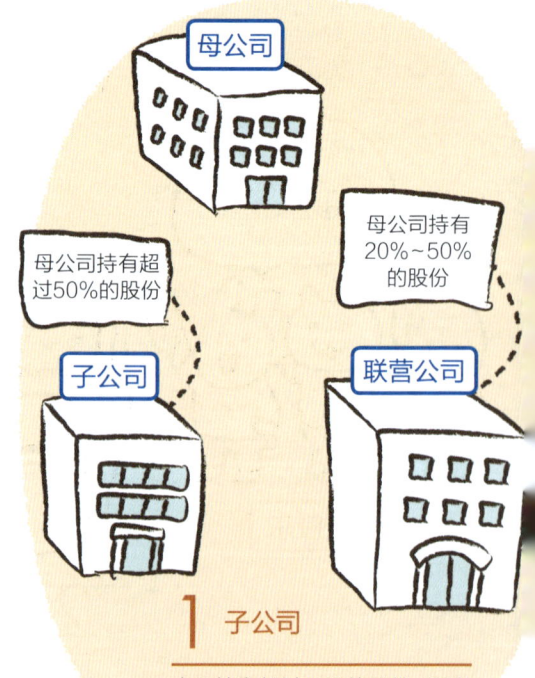

由于持有超过50%的股份，所以母公司可以在一定程度上支配子公司的经营。

股份，或者Y的经理等是由X派遣而来的，那么我们也要将Y称为X的子公司。

而联营公司是指母公司持有其20%~50%股份的企业，但未实现完全有效控制。我们主要根据母公司所持有的股份比例来决定该企业究竟是子公司还是联营公司。那么，为什么企业之间要建立这样的关系呢？

究其原因，是因为企业可以从中获得许多益处。比如，当开展新业务的时候，通过子公司的形式可以加快决策速度，也更容易从其他企业那里获得投资，等等。究竟是要成立子公司还是联营公司，取决于经营者想要在其中保留多少母公司的影响力。

第一章 • 经营学的基本理论

把自己想要控制的一方设立为子公司。

子公司必须时刻追随母公司啊！

一定程度上联营公司更自由、更有优势。

必须听从母公司的安排！

的确，一定程度上很自由啊！

子公司

联营公司

2 子公司的优势

它允许母公司给将来的管理人员提供经营公司的经验，并可以同其他的子公司共同分散商业风险。

3 联营公司的优势

虽然母公司持有20%~50%的企业股份，但只要还有其他的股东存在，其就不能随心所欲地操纵联营公司。

基础知识⑦

这简直就像以前的财阀！

何为控股制？

母公司 **子公司**

在控股制中，母公司只对子公司进行经营指导哟！

划重点！ 母公司要专注于子公司的经营

近年来，越来越多的企业开始采用控股制，即母公司不再直接参与业务经营，而只向子公司提供管理指导。因为它可以通过对集团整体进行专门决策的方式，实现经营的快速化和高效化。在传统的母子公司关系中，母公司优先经营自己公司的业务，而子公司被置于母公司的支配之下。与此相对，控股制允许母公司为每个子公司引入不同的制度来分

传统的母子公司

A子公司倒闭了,B子公司成为收益支柱!

倒闭了!

状态极佳!

表现一般。

A子公司　　B子公司　　C子公司

控股制公司

利用B子公司来为A子公司创造收入来源!

支援A子公司!

倒闭了!

表现一般。

A子公司　　B子公司　　C子公司

　　散商业风险,从而使集团整体受益。例如,如果集团的一个子公司倒闭了,其他的子公司并不会受到影响。这就是母子公司与控股制公司之间的一个主要区别。

　　在第二次世界大战后的日本,控股制伴随着财阀的解体曾一度被禁止,但1997年的法律修正案使其再次登上了历史舞台。近年来,越来越多的企业开始采用控股制。

基础知识⑧

扩大企业经营规模的方法

何为并购（M&A）？

> 公司之间的其他关系类型还有哪些呢？

> 让我来告诉你吧！

划重点！ 把企业或业务单位完全纳入囊中，为己所用

　　企业之间的关系不仅有像母公司和子公司这样的合作关系，而且存在M&A的关系，即利用资金去收购一家拥有本企业所缺资源的企业。

　　M&A是英文Merger and Acquisition的缩写，有"兼并和收购"的意思，简称并购。这是一种用于扩大企业经营规模和市场份额的常用方法。M&A的优势就在于，它可以让企业获得优秀的人才、其他企业的品牌、技术、经验和顾客等各种各样的资源。

M&A
（兼并与收购）

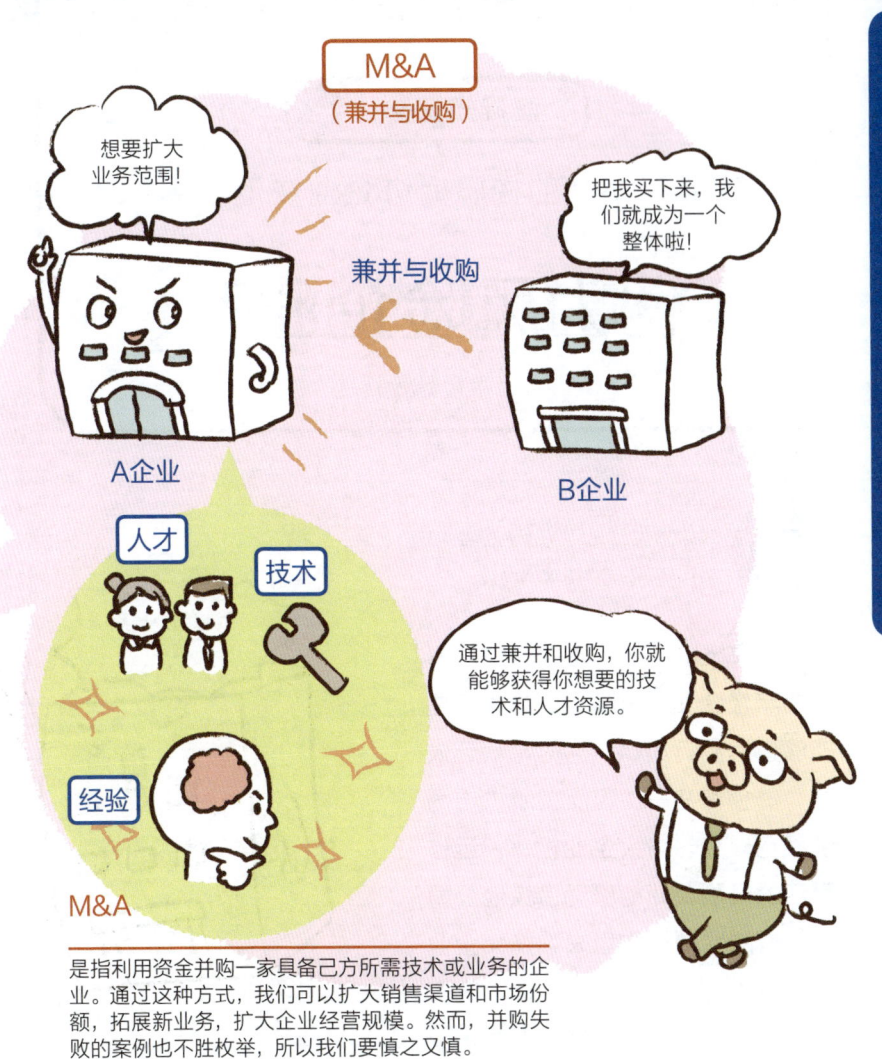

A企业：想要扩大业务范围！

B企业：把我买下来，我们就成为一个整体啦！

兼并与收购

人才　技术　经验

通过兼并和收购，你就能够获得你想要的技术和人才资源。

M&A
是指利用资金并购一家具备己方所需技术或业务的企业。通过这种方式，我们可以扩大销售渠道和市场份额，拓展新业务，扩大企业经营规模。然而，并购失败的案例也不胜枚举，所以我们要慎之又慎。

例如，一家经营食品的企业可以通过并购在便利店和超市领域具有较大影响力的批发商来扩大其销售渠道，也可以通过收购餐厅来扩大其业务范围，从而获得更多的利润。此外，通过收购不同领域的企业，还可以使己方涉足新的业务。换言之，它扩大了该企业的业务范畴。

基础知识⑨

依靠独创性的构思促进企业快速发展！

何为风险企业？

划重点！ 以大企业的支持为基础成长起来的企业

所谓风险企业，是指开创新事业的年轻企业。风险企业的优势是能够迅速制订策略，劣势是缺乏人才、资金和客户，因而其所占市场份额也较少。与大企业相比，运作灵活的风险公司能够凭借其他公司所没有的独创性构思来弥补大企业无法提供的服务空缺。因此，很多风险企业发展迅速，甚至有些企业在很短时间内就上市了。

近年来，也有很多大企业一直在支持有发展潜力的初创企业。这些初创企业在大企业的支持下迅速成长并上市。其中，企业估值在10亿美元以上的有发展潜力的未上市企业被称为"独角兽公司"。

> 我想创办一家新企业！

1 风险企业

以大企业从未涉足的新业务为主要经营对象的企业。它可以弥补大企业无法提供的服务空缺。

第一章 ● 经营学的基本理论

> 这条路很危险，我们换另外一条路走吧！

> 风险企业可以迅速制定经营策略。

> 资金见底了……

劣势

> 可不是只有优势啊！

> 缺乏人才和资金也是一大难点啊！

> 人们对这些公司的评价很高！上市根本不是梦！

2 独角兽公司

指的是企业估值超过10亿美元的风险公司。实际上，由于这类企业奇缺，所以人们用虚构的"独角兽"形象来为其命名。另外，企业估值超过100亿美元的风险公司被称为"十角兽公司"。

> 有望上市的风险公司能够聚集很多资金。

19

经营学人物档案 No.1

弗雷德里克·泰勒

一种旨在解决不良工作条件的管理方法成为经营学的开端

顺应急速发展的社会工业化浪潮

始于18世纪下半叶的工业革命改变了世界，使很多国家摆脱了农业社会，进入了资本主义工业社会。然而，伴随着这种急剧的变化，越来越多的工人对工厂恶劣的劳动环境感到不满，并同资本家展开了频繁的罢工斗争。

有鉴于此，美国管理学家弗雷德里克·泰勒（Frederick Taylor）于19世纪后半叶提出了"科学管理法"，这也被认为是经营学的开端。泰勒否定了原本由一个人负责多道工序的工作方式，转而提倡采用流水线生产作业，成功地削减了成本。另外，泰勒还在每日工作量的确定、工作操作流程的手册化以及计件工资制度的建立等方面提出开创性意见，而这些可以被称为现代生产管理的基础理论。

> 原来经营学是一门始于近现代的新学问啊！

第二章

经营战略的基本理论1

在企业经营的过程中，我们为了实现企业的发展目标就必须制定一系列相关的经营战略。本章将从经营战略的制定方法到背后隐藏的关键性思维方式，逐一细致地对经营战略进行广泛的介绍。

经营战略 1—①

站在经营者的立场上进行思考

何为经营战略？

我们的目标是扩大企业的经营规模。

经营战略是为实现所设目标而采取的一种手段。

嗯。的确如此！

能够依靠自己的头脑来思考是非常重要的。

1 依靠自己的头脑来思考

面对成功的企业案例时，最重要的一点是我们要能运用自己的头脑来思考其成功经营的原因，并找到适合自己的答案。

划重点！ 关键是要明确愿景和使命

战略是一种战斗方式。在这种企业的战斗方式中，最重要的是思考以下两个问题：① 想成为什么样的企业？② 企业如何为社会做出贡献？基于这一理念，企业在应对环境变化的同时会为了达到目标而采取一系列的措施，而这些措施就被称为"经营战略"。在经营战略中，能够从经营者的立场和角度出发思考问题，并理解和把握相关术语及理论是非常重要的。

> 除了运用自己的头脑思考，还有什么其他重要的事情需要做吗？

> 当然有了。

2 站在经营者的立场上思考

如果自己是这家企业的经营者，那么我会制定什么样的战略？从这样的角度来思考经营战略是至关重要的。

3 把握术语

无论是自己单独思考，还是与他人进行讨论，我们都需要理解和把握相关术语和理论。因为这有利于我们整理和总结相关意见和结论。

> 这是思考企业经营战略的重点所在！

第二章 · 经营战略的基本理论 1

经营战略 1-② 何为经营战略的三大构造？

在同其他企业进行竞争的时候，这些经营战略不可或缺！

划重点！ 客观、准确地了解企业至关重要

经营战略可以分为总体战略、业务单位战略和职能战略三个层次。总体战略指的是企业整体的经营战略，它主要决定如何利用人力、物力、财力等资源与其他企业展开竞争。

总体战略

想要决定本业务中的竞争方式。

业务　资源　市场

1 总体战略

该战略被用于决定整个企业的发展方向。比如，企业应该在哪些市场中展开竞争以及如何分配资源。

此外，还需要考虑在哪些市场中进行竞争以及重点发展哪些业务等。业务单位战略指的是在本部门产品或服务经营活动中与对手展开竞争的战略。职能战略则是将企业内各组织按职能划分后，在特定的职能管理领域制定的战略。它由市场战略、技术战略、生产战略和财务战略等要素组成。

在企业的经营战略中，关键一点是要将这三个层级的战略统筹起来。但一个重要前提是，在此之前，我们要客观准确地了解企业本身，并制定正确的经营战略。

业务单位战略

想要决定企业整体的前进方向。

依靠技术来竞争不是更好吗？

依靠市场占有率来竞争吗？

职能战略

想要努力提高生产效率。

我们要降低成本吗？

成本

我们也需要重新清仓查库。

2 业务单位战略

这是一项决定如何在包括新业务在内的个别业务范围内与对手展开竞争的战略。

3 职能战略

是指针对企业的每一项职能分别制定相应的战略，主要由营销战略和技术战略等要素组成。

经营战略 1-③

经营战略中也蕴含着各种各样的思维方式
企业的经营战略都包含哪些种类？

20世纪60年代

> 经营战略是由我来决定的！

> 好的，我记住了！

1 战略计划学派

经营战略的本质是高层管理者所做的预先规划，而企业应该遵从高层制定的一系列战略。

划重点！ 许多现代的经营战略已经突破了过去的限制

经营战略主要有四种，而运用于企业的战略则主要分为战略计划学派（计划学派）和突现战略学派（应急战略学派）两种。其中，战略计划学派（计划学派）认为企业应该遵从高层制定的战略；而突现战略学派则认为，一线工作人员和中层管理者应该根据实际情况来思考对策，并通过与高层管理者的互动来制定战略。

2 突现战略学派

20世纪70年代

战略是由高层管理人员和相关一线工作者根据实际情况共同制定的。

是不是要重新考虑一下这个经营战略？

的确如此！

3 定位学派

20世纪80年代

是一种旨在最具盈利潜力的行业中占据主导地位的战略。

我们如何在该行业中获得主导地位呢？

4 资源学派

20世纪90年代

进入21世纪之后

是一种旨在最大限度发挥企业的优势来同对手展开竞争的经营战略。

我们要最大限度地发挥本企业的优势！

我们要研究出新的经营战略！

其中，战略计划学派又可以进一步划分为定位学派和资源学派两种。定位学派主张企业要结合每个行业的收益能力，争取在最具盈利潜力的行业中占据有利地位。资源学派则认为，根植于人和组织的优势是最难模仿的，因此企业应该制定能够发挥自身优势的经营战略。近年来，为了应对企业生存环境的急剧变化，又有许多新的经营战略理论如雨后春笋般涌现出来。

经营战略 **1**—④

制定经营战略时必须思考的问题
如何制定经营战略？（上）

> 制定经营战略的前提是要具备思考能力。

> 的确如此！

划重点！ 不要因为信息的繁杂而思维混乱

通过收集到的信息来判断如何解决经营问题的思考方式被称为"战略性思维"。企业所处的环境不同，收集到的信息所具有的意义也大不相同。重要的是，我们要运用自己的头脑对收集到的信息进行分析，并在此基础上制定和实施相应的经营战略。然而，如果要毫无遗漏且准确地收集与本企业相关的所有信息需要花费大量时间和精力。在这种情况

第二章 • 经营战略的基本理论 1

成本　日元贬值
行情

1 战略性思维

运用自己的头脑对收集到的信息进行分析，并在此基础上制定相应的经营战略。

收集相关信息并将其用于有意义的实践活动。

这样一来，时间就不够用了啊！

如果我们建立假说，就能节省时间。

首先，我们需要建立一个假说。

以假说为基础收集相关信息。

反复循环

以信息为基础验证假说。

不断提问："为什么会这样？""我们应该怎么做？"

2 假设性思维

该方法的具体操作步骤为，先提出一个假说，然后收集相关信息来验证该假说。其优势是，可以在短时间内更有效率地找到解决问题的方案。

下，能够在短时间内制定出经营战略的"假设性思维"就能发挥巨大的作用。此时，就需要我们先推导出一个假设性结论，然后再通过收集到的信息来验证这一假说。当然，既然是一个假说，那么就有可能是错误的。但是我们可以就此修正旧的错误假说，然后重新提出新的假说并再次收集信息对其进行验证。在如此反复的过程中，我们不仅可以在短时间内更有效率地找到问题解决方案，而且能提高工作的准确性。

29

经营战略 1—⑤

建立假说的两种方式

如何制定经营战略？（中）

> 我们该如何建立假说呢？

> 建立假说的方式有两种。

划重点！ 推导出的假说未必是正确的

　　建立假说的两种重要方式分别是归纳法和演绎法。前者是以若干事实和信息为基础构建假说的方法，而后者是以前提和事实为基础展开逻辑思考，最后推导出假说的方法。与归纳法相比，演绎法更适合高阶段的学习者。首先我们要通过这两种方法提出一个假说，然后分析其中可能成为依据的项目并收集相关的信息，这样就可以推导出经营战略了。

第二章 · 经营战略的基本理论 1

事实1：我的父亲个子比较矮。
事实2：我的母亲个子也比较矮。
假说：因为我的父母个子都比较矮，所以我个子也矮。

1 归纳法

基于若干事实和信息构建假说的方法。需要注意的是，必须确保结果不会变成推论。

大前提：我居住在日本。
小前提：居住在日本的人都喜欢吃寿司。
假说：因为我居住在日本，所以我喜欢吃寿司。

2 演绎法

演绎法是一种按逻辑顺序（例如，因为A所以B，因为B所以C）推导出假说的方法。在这一推导过程中，哪怕只有一个逻辑步骤出现破绽，你都无法得出正确的假说。

经营战略 1—⑥

运用逻辑思维来验证假设！

如何制定经营战略？（下）

> 认真思考顾客的需求，以及我们能够为他们提供哪些产品和服务。

1 逻辑思维

逻辑思维是我们在建立假说之后为证明该假说的正确性而收集相关事实和数据来加以佐证的思维方法。此时，我们必须清楚地整理自己的思路。

划重点！ 如果不运用逻辑思维，那么假说就只是一个想法而已

　　逻辑思维是一种可以帮助你把想要表达或表述的事项传达给对方的思维方式。一旦我们提出某个假说，就必须要证明该假说是否正确，此时就要求我们必须能够提供事实和数据来说明自己为什么能够得出这一假说。如果没有一个合乎逻辑的解释说明，那么假说就变成了一个单纯

3 信息整理

我们收集到的信息是否有重叠之处呢？我们能否依靠这些信息来证明自己的假说呢？

以假说为基础收集相关信息！

我们需要基于以下两个角度对信息进行整理：横向上要检验该信息是否存在遗漏、重复或空白；纵向上要思考清楚为什么需要这些信息以及我们可以依靠这些信息做什么。

2 信息收集

通过反复练习就能够掌握逻辑思维！

我们需要筛选并收集必要信息。在这个阶段，根据需要核实的内容对信息进行分组就显得尤为重要。

的想法而已。为了证明假说的正确性，我们必须清楚地整理自己的思路。实际上，为了达到只要拿出根据就能使其发挥巨大作用并说服众人的目的，我们需要牢牢掌握逻辑思维这一重要的思维方法。

另外，这种方法并不是个人与生俱来的能力，而是任何人通过后天训练都可以掌握的技能。我们只有用心学习并掌握该技能，才能保证提出的假说不会变成单纯的想法。

第二章 ● 经营战略的基本理论 1

经营战略 **1**—⑦

我们要能够应对社会的变化!

为了制定经营战略，我们需要把握外部环境

划重点! 为了预测企业的未来，我们需要把握外部环境变化

为了准确地制定经营战略，我们必须正确地把握企业所处的状况。要做到这一点，我们可以运用外部分析和内部分析这两种途径。其中，在外部分析中有一种被称为"PEST分析"的方法。其中P代表政治、E代表经济、S代表社会、T代表技术。

PEST分析法就是从这四个角度出发，来分析外部环境会对本企业产生何种影响。只要出生率和死亡率等人口动态没有发生剧烈的变化，PEST分析法就是最方便可行的预测方法。通过从环境的变化中找出行业成功的要素，我们就能更大概率地制定出下一个经营战略。外界的变化会左右企业的经营状况，所以我们必须要对其进行分析。

> 为了准确地制定经营战略，我们必须正确地把握企业所处的状况。

第二章 ● 经营战略的基本理论 1

> 首先要从外部环境开始分析！

PEST分析法

1 政治
了解与商业相关的各种政策以及与行业相关的法规、环境和外交因素等。

2 经济
关注经济动向、物价变动、利率和失业率等。

3 社会
把握人口动态、文化变迁和公众舆论等。

4 技术
掌握新技术开发动向和投资趋势等。

> 我们要利用PEST分析法，从这四个角度出发，来分析外部环境会对本公司产生何种影响。

> 从外部进行观察是非常重要的！

PEST分析法

- 政治（Politics）
- 社会（Social）
- 本公司
- 经济（Economy）
- 技术（Technology）

35

经营战略 **1**—⑧

掌握制定经营战略的工具

为了制定经营战略，我们需要把握外部环境和内部环境（上）

1 SWOT分析法

这是一种对本企业所处的外部环境和内部环境进行分析的方法。通过这种方法，我们确定企业在各类事件中应该采取何种应对措施。

内部环境（劣势）	内部环境（优势）
人员力量不足。	技术实力雄厚。
外部环境（机遇）	外部环境（威胁）
人口减少。	竞争对手较多。

划重点！ 在掌握企业现状的同时制定经营战略

我们在对企业所处的内部和外部环境进行分析的时候主要会用到"SWOT分析法"和"交叉SWOT分析法"这两种方法。SWOT分析法旨在从企业的优势和劣势以及外部的机遇和威胁这四个方面出发，根据企业所处环境的变化来考虑如何最好地利用管理资源来制定经营战

机遇×劣势	机遇×优势
对于事业机遇，本企业的劣势会导致哪些损失的出现？	对于事业机遇，我们该如何发挥本企业的优势？
威胁×劣势	威胁×优势
我们怎样才能打破由威胁和弱点带来的僵局？	如何利用本企业目前的优势来把威胁转变为机遇？

2 交叉SWOT分析法

以SWOT分析法为基础，旨在从已经分析过的现状出发，来实际制定适合本企业的经营战略。

> SWOT分析法是制定经营战略的一种工具。我们在考虑应对措施时，最好从客户的角度出发来思考问题。

略。SWOT分析法的着眼点不在于问题分析，而是要作为一种工具来制定经营战略。因此，分析的重点在于要确定企业如何应对这四大要素。为此，我们就需要进行"交叉SWOT分析"。

所谓交叉SWOT分析，就是将SWOT分析中的两个外部环境要素以"机遇×优势""机遇×劣势""威胁×优势""威胁×劣势"的方式同内部环境要素相乘，分为四个类别来进行思考。通过更加精细的划分，我们可以进一步准确地把握和分析企业所处的现状。

经营战略 1-⑨

许多企业在实践中会使用的方法

为了制定经营战略，我们需要把握外部环境和内部环境（下）

3C分析法中的三大视角

哪些人是主要客户群？

客户的需求是怎样的？

在价格、品质和设计等方面所做的决定。

1 市场·顾客

除了企业的市场规模和市场的增长潜力之外，我们还需要分析购买者本身以及引起购买行为的因素，并了解、把握客户有哪些需求。

划重点！ 按照从外到内的顺序逐步进行分析，以此来了解本企业的现状

"3C分析法"是从市场与顾客（Customer）、竞争（Competition）和企业（Company）本身这三个角度对企业的现状进行分析的方法。在运用3C分析法的时候，要将市场和竞争作为外部要素，将企业本身作为内部要素，并按照从外到内的顺序逐步进行分析。首先是从市场与顾客的角度来把握本企业存在什么样的潜在顾客。接下来从竞争的角度来分析对手企业，并在此基础上从自身的角度来考察本企业具备的优势和劣势以及所处的现状等。我们可以从这个分析的结果出发来考虑成功要素的变化。

这些商品有什么特点？

A、B、C、D四个企业各自的优势和劣势是什么？

2 竞争

分析竞争对手的数量、打入该市场的门槛高低以及其他企业的优势和劣势、特征和实际成就等。

知名度高是本企业的优势，而零售市场占有率低则是本企业的劣势所在。

自家企业

哪些经营战略会是有效的呢？成功的因素又是什么？

3 企业本身

在分析了市场与顾客和竞争对手的基础上，我们要从自身的角度对企业的优势和劣势以及经营资源的有无进行分析。从这三项分析结果中，我们就能推导出成功的要素。

第二章 ● 经营战略的基本理论 1

经营战略 1—⑩

充分利用自身的压倒性优势！
如何了解本企业的优势所在？

划重点！ 即使是压倒性优势，也会随着时代的变化而过时

有一种把握本企业优势的方法叫作"核心竞争力"。核心竞争力意为"企业的核心力量"或"使该企业发挥其实力的经济资源"，是一个企业所具备的压倒性优势。因此，如果某企业的某一优势能够同时满足独特性、延展性、异质性、稀缺性和持久性这五个方面的要求，那么我们就可以认定它为该企业的核心竞争力。

例如，开发新技术的能力或在组织整体确定一套共同的价值观等就属于核心竞争力的范畴。然而，我们却需要不断审视这些优势的有效性，因为它们会随着市场环境和社会环境的变化而变化，甚至有些已经建立起来的优势也可能会随之过时。

> 只要该优势能够同时满足这五个方面的要求，我们就可以认定它为该企业的核心竞争力。

1 独特性

审视该技术或特性是否容易被模仿。被模仿的可能性越低，竞争优势就越大。

> 这项技术是我们企业独有的!

2 延展性

考虑该技术是否可以应用于其他的产品或领域之中。

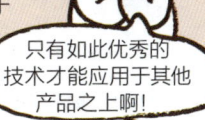

> 只有如此优秀的技术才能应用于其他产品之上啊!

3 异质性

思考该技术或产品是否具有其他企业所不具备的独一无二的特性，且是无法被替代的。

> 两者看起来都一样啊……

4 稀缺性

观察该技术或产品是否具有较低的可模仿性和可替代性，以及具有多大的稀缺性价值。

> 这是很难模仿且无可替代的!

5 持久性

审视某项特定的技术或特性是否能长期保持竞争优势。例如品牌的影响力等就需要长年累月积累和培养。

> 历史悠久也是一大优势啊!

第二章 • 经营战略的基本理论 1

经营学
人物档案
No.2

马克斯·韦伯

不是经营学家而是社会学家？！
被誉为"社会学之父"的人

马克斯·韦伯通过破译当前社会结构运行的规律来论证社会的理想状态，以期构建一个良好的社会体系。那么，被誉为"社会学之父"的他是如何与经营学联系在一起的呢？

韦伯在经营学领域中做出了两个重大贡献。第一，他定义了所有人都能平等地享受服务，都能出人头地的合法支配机制——"层级官僚制"。第二，他在《新教伦理与资本主义精神》（The Protestant Ethnic and the Spirit of Capitalism）一书中，提倡只要为社会利益而勤奋工作，就能积累财富。韦伯认为金钱的积累是积德的结果，这导致"越有钱的人越有道德，对社会所做出的贡献越大"的价值观念在美国广泛地流传开来。

> 美国的工作价值观就是这样构建起来的啊！

第三章

经营战略的基本理论2

在第二章中,我介绍了与本企业相关的不同经营战略类型。在本章中,我们的目光不再局限于本企业,而是将视点扩大至与其他企业的竞争之上,并在此基础上思考应该采取的经营战略以及关注的要点。

经营战略 2—①

制定企业总体战略的第一步
如何制定企业总体战略？

业务范围的设定

> 我们应该向谁提供我们的产品和服务？

> 设定业务范围时要从多角度进行考虑。

> 接下来我来为你介绍三个重要的切入点。

三个切入点：

1. 顾客轴：我们为谁而服务？
2. 产品和技术轴：我们可以灵活运用什么样的技术？
3. 功能轴：我们能够给顾客创造什么样的价值？

划重点！ 多角度思考如何制定总体战略是非常重要的

制定总体战略（前文经营战略1—②中）的一个重要环节是确定业务领域。在此环节中，我们要找到企业能够最大限度发挥其优势的领域以及在未来能够实现成长与发展的领域。我们需要从以下三个切入点来制定经营战略：① 我们为谁而服务；② 我们可以灵活运用什么样的技术；③ 我们能够给顾客创造什么样的价值。对此，我们必须从多个角度对企业进行分析。

顾客轴

- 我们该如何设定企业的业务范围呢？
- 我们的商品和价值能够在哪些客户层中发挥价值？

产品和技术轴

- 我们企业独有的技术是什么？

功能轴

- 我们的产品和服务能为顾客提供什么样的价值？

第三章 · 经营战略的基本理论 2

经营战略 2—②

如何分配资金？

比你想象的更简单易懂！

划重点! 关键是如何有效地分配有限的资金

在多元化的企业中,有一种叫作"产品结构组合分析法"(PPM)的资金分配方式。该分配方式从市场份额和市场增长率的角度出发,将企业的经营业务分为"明星""金树""问题儿"和"瘦狗"四类。其中,"明

什么是PPM?

在经营多种业务的公司中,我们该如何分配资金呢?

这真是一个好问题。我们一般都把企业的经营业务分为四类。

- (P) 产品(product)
- (P) 投资组合(portfolio)
- (M) 管理(management)

星"指的是具有高市场份额和高市场增长率的经营业务;"金树"指的是具有高市场份额的经营业务;"问题儿"指的是具有高市场增长率的经营业务;而"瘦狗"指的是市场份额低和市场增长率均低,且注定经营失败的经营业务。PPM资金分配法就是将通过"金树"业务获得的资金投入到"明星"业务的维持和具有未来发展潜力的"问题儿"业务之中。该框架是由波士顿咨询公司(美国的一家咨询公司)创立的。

这样,PPM资金分配法从市场份额和市场增长率这两个角度出发,将企业的经营业务分成四个象限。这种方法非常简单易懂,但也被一些人批评其过于简单而不能被称为业务战略。

第三章 · 经营战略的基本理论 2

1 "明星"业务 具有高市场份额和高市场增长率的经营业务。	3 "问题儿"业务 市场份额较低但市场增长率较高的经营业务,日后可转换成"明星"业务。
2 "金树"业务 市场增长率较低但市场份额较高的经营业务。	4 "瘦狗"业务 市场份额低和市场增长率均低的业务。该业务极易经营失败。

高 ← 市场份额 → 低

市场增长率 高 ↕ 低

将通过"金树"业务获得的资金投入"明星"业务的维持和具有未来发展潜力的"问题儿"业务之中。

47

经营战略 2 — ③

企业经营中不可或缺的行业调查

如何选择易于取胜的行业？

既然已经决定要创业，那首先就要调查了解该行业的竞争程度啦！

GO!

雄赳赳，气昂昂！

划重点！ 以五个轴为基础探明行业竞争程度

我们在经营企业时，不能仅仅只考虑己方企业本身，还需要对行业进行调查来探明可以在哪个行业中取胜且该行业是否能够盈利。在研究某个行业时，我们需要从五个角度出发来探究行业的竞争程度。它们分别是：①同一行业的竞争程度；②供应商的议价能力；③购买者的议价能力；④新进入者的威胁；⑤替代品的威胁。这种思维方式被称为"五力分析"。

五力分析

1 同一行业的竞争程度
事先调查业界是否存在很多的竞争对手是非常重要的。

2 供应商的议价能力
产品零部件供应商的价格谈判能力越强,供应商就越能占据有利地位。

4 替代品的威胁
了解是否有企业在经营、销售可替代本企业所生产的产品的商品。

5 新进入者的威胁
探明那些意欲在该行业中一展宏图的新企业是否可以轻松地打入市场。

3 购买者的议价能力
购买本企业商品或享受本企业服务的顾客价格谈判能力越强,就越能占据有利地位。

在同一行业的竞争方面,我们需要关注同行业内实力较强的竞争企业;在供应商的议价能力方面,我们要关注产品零部件供应商的价格谈判能力;在购买者的议价能力方面,我们要关注接受服务的顾客所具备的价格谈判能力;在替代品的威胁方面,我们要关注是否有企业在经营、销售可替代本企业所生产的产品的商品;在新进入者的威胁方面,我们要关注是否有企业准备在该业务领域展开竞争。这五种力量中的任何一种力量越强大,行业内的竞争程度就越激烈。

经营战略 2-④

从竞争要素和行业优势性两个角度来分析

如何判断一个企业是否具备发展潜力？

划重点！ 通过重新评估，促进企业向"专业型"或"规模型"方向转变

从关键竞争因素的多少和构建优势地位可能性的大小这两个坐标轴出发，可以判断一个企业是否具备发展潜力，这种方法被称为"优势矩阵"。

在优势矩阵中，企业被分为如下四种类型：① 专业型：收益较高，且可以在竞争中与其他企业拉开差距；② 规模型：收益较低，但可以通过扩大规模来拉开与其他企业之间的差距；③ 分散型：收益较高，但难以拉开与其他企业之间的差距；④ 僵持型：收益较差，且不能在竞争中与其他企业拉开差距。其中，专业型是可以通过提高专业化来轻松获得优势地位的

一种企业类型，而规模型也是可以拉开与其他企业之间差距的一种企业类型。因此，属于这两种类型的企业都是具有发展前景的企业。与此相对，分散型的特征是具有较多的竞争途径，但很难构建优势地位，而僵持型的特征是既没有较多的竞争优势，也缺乏实现竞争优势的途径。因此，属于这两种类型的企业都是不具备发展前景的企业。

优势矩阵

判断一个企业是否具备发展潜力要基于以下两条坐标轴：竞争要素的多少以及竞争优势的大小。收益好且可实现差异化的专业型或收益低但亦可实现差异化的规模型，都是具备发展潜力的企业。

经营战略 2—⑤

通过压低成本，依靠廉价商品占据更多的市场份额

如何在与其他企业的竞争中获胜？（上）

成本领先战略

1 分析其他企业

分析是否能以比其他企业更低的价格来提供产品。制定相应的经营战略，以期在所有生产工序中削减成本的同时，确保能够提供与其他企业相同品质的商品和服务。

降价！

- 那家企业的产品售价是多少？
- 3000日元！
- 那我们就定价为2500日元！
- 因为贵公司的产量更大，所以能不能再便宜些？
- 也不是做不到……好的，我明白了！

大型商业合作伙伴

- 行了！那就这样吧！
- 我们的价格不能再往下降了！
- 感谢贵公司一直以来的关照！

中小型商业合作伙伴

2 降低成本

为了以更低的价格大量销售产品，我们需要降低原材料成本，并提高生产工序的效率。这对于拥有大量资金的大型企业而言是一个有利的战略，而对资金不多的中小型企业来说则构成了严峻的威胁。

> **划重点！** 竞争对手越少，己方企业就越能够盈利

成本领先战略是一种通过使自己的生产成本低于所有竞争对手来获得竞争优势的战略。换言之，就是通过压低成本来掌握定价权。如果一个企业能够取得并保持全面的成本领先地位，那么它只要能维持该价格水平，其经济利润就会提高，且能保证价格低于同行业竞争对手。不过，需要我们注意的是，"成本领先战略"与单纯降低价格的"低价战略"本质上是不同的。

第三章 · 经营战略的基本理论 2

降价处理

这个牌子的衣服要比那个牌子的衣服好得多！

而且这家店还经常搞降价促销呢！简直太划算了！

低价促销

3 降低成本

通过降低商品原材料的价格等成本压缩方式来达到占领成本领先地位的目的。之后，只要我们的产品质量处于平均水平，即便产品售价低于其他竞争对手，也仍然能够实现盈利的目的。

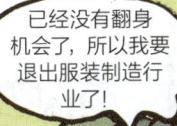

已经没有翻身机会了，所以我要退出服装制造行业了！

4 竞争对手的退出

通过降低成本来压倒竞争对手，迫使其从该业务中退出。之后，己方企业只需提高销售价格便能有更大的经济利润空间。

倒闭

经营战略 2-⑥

如何在与其他企业的竞争中获胜？（中）

首先要明确企业想要发展的重点

划重点！ 销售方法对于增强企业魅力和优势至关重要

差异化战略是战胜竞争对手的一个重要方式。差异化战略是指利用竞争对手所不具备的独特产品或服务来获得竞争优势的战略。如果你能创造出独一无二的产品，那么你就能够获

各种各样的差异化战略

1 设计

由于人们往往通过视觉来获取大量信息，所以设计的差异化是调动目标情感的一种有效战略。当我们面对两个类似的商品时，一定会选择设计更有吸引力的一个。

这个好可爱啊！

质地精良

国产

2 商品的质量

就食品产业而言，我们可以通过限定使用国产原料或提高原料品质的方式来打造一个充满"高级感"的品牌。尽管该商品价格可能偏高，但因其颇受欢迎，仍然存在很大的利润空间。

得高额利润；但如果你的产品或服务能够被业界龙头企业所模仿，那么你就会迅速失去市场份额。因此，我们需要不断地谋求产品或服务的差异化。

能否成功实施差异化战略取决于本企业自身的品牌实力、企业形象以及该企业能够在多大程度上掌握只属于自己的独特产品和服务。此外，如何将这些独特的优势推销给顾客也是值得我们思考的重点。不管你的技术有多好，你的产品有多吸引人，只要选择了错误的营销方式，你的差异化战略就永远都不会取得成功。

3 服务

我们要通过提供各类服务来使自己脱颖而出。例如，餐饮店要提供种类丰富的菜单和商品，便利店则要注重店内环境，并提供更多的店内就餐座位等。

这款咖啡不但好喝，而且还可以定制，简直太棒了！

欢迎光临！

这是我从未见过的美丽少女啊！

画质要比其他品牌的电视要好啊！

4 技术能力

我们的战略是通过开发前所未有的商品，制造其他公司无法仿造的产品，从而实现差异化。这种差异化是基于高技术优势的。

第三章 ● 经营战略的基本理论 2

经营战略 2-⑦

如何在与其他企业的竞争中获胜？（下）

旨在锁定目标的战略

划重点！ 有针对性地削减成本或谋求差异化

为了能够在与其他企业的竞争中获胜，我们会采取各种各样的经营战略，其中就包含了一种旨在瞄准目标的"专一化战略"。专一化战略可以

1 目标人群

我们可以把一些特定人群（如女性、年轻人或50岁以上的成年人等）设定为靶向目标顾客。比如，岛村服装连锁店就把销售重点锁定在20～50岁的家庭主妇身上，并通过降低商品价格和成本来增加销量和获取利润。

我想要既时尚又便宜的服装！

20多岁的女性

还是尽量便宜为好……

50多岁的家庭主妇

我想要自由自在的休闲服装。

老年人群

分为"专一低成本"和"专一差异化"两种类型，前者旨在降低特定产品的成本，后者则致力于促使特定产品实现彻底的差异化。该战略同我在之前两节所介绍的战略一样，都是通过缩小顾客范围或限制地理区域来达到降低成本或实现差异化的目的。或许有很多人会认为，如果同时实施成本领先战略和差异化战略，那会是一个更具效果的选择。然而，这两者却是相互对立的关系。因此，如果你同时实施这两项战略，其结果往往有可能半途而废。

但是，近年来也有一些企业在经营过程中成功地同步实施了这两种战略。

各种各样的专一化战略

我想要一台安全性能好的电脑。

您看看这款怎么样？

2 产品属性

聚焦于消费者的需求，并根据这种需求来定制商品或调整服务。电脑制造商戴尔公司通过直接向客户销售产品的方式获得了成功。

3 产品线

快餐企业肯德基为了规避来自同行企业麦当劳的竞争压力，集中精力主打"炸鸡"这一市场。除此之外，还有许多类似的限制产品线的方式。

购买炸鸡的唯一选择！

第三章 ● 经营战略的基本理论 2

经营战略 2—⑧

为了实现稳定发展而不可或缺的战略
如何促进企业取得成功?

2 垂直多元化经营战略

产品的零部件制造商参与到产品本身的生产之中。虽然其本身与生产技术的关联性较低,但仍然可以将新产品投放到心心念念已久的市场之中。比如纺织企业进军服装业,等等。

虽然我们过去只经营纺织品,但现在我们也要开展服装制造业务啦!

不要只经营超市,也可以开展便利店经营啊!

1 水平多元化经营战略

灵活运用企业现有的技术,将新产品投放到与原目标市场相似的市场之中。例如,在经营超市的同时也开展便利店经营,或者普通汽车制造商开始制造卡车,等等。

划重点! 一步走错,满盘皆输

经营企业往往是伴随着巨大风险的。为了分散经营风险,提高经营安全性,采用"多元化经营战略"就显得尤为重要。多元化经营不仅可以确保新的收入来源,还可以通过收益的多元化来分散经营风险。特别是在处理那些从原主营业务中延展出来且具有协同作用的业务时,我们

3 同心多元化经营战略

灵活运用企业现有生产技术条件,制造出与原产品用途不同的新产品,并投放到对应的市场之中。例如,将数码相机的镜头应用于医疗器械之上,或从电视机生产行业向汽车导航仪领域进军,等等。

> 能不能把我们企业生产的镜头应用于医疗器械之上啊?

> 好啊!这正是我们需要的!

> 我们能不能以ATM机存取款业务为起点,向银行业务进军?

4 整体多元化经营战略

企业向与原产品、技术、市场无关的经营范围拓展业务。例如,便利店为了赚取与ATM机存取款相关的手续费而向银行业务进军。

可以讨论实施多元化经营战略。然而,只要在实施多元化战略的过程中走错一步,不但不能达到分散风险的目的,反而有可能会增加风险。在20世纪80年代泡沫经济时期的日本,许多企业涉足与主业务完全无关的度假村开发、高尔夫球场经营等领域,结果均以失败而告终。在开展现有技术无法应对的新业务之际,为了规避风险,我们首先必须要明确企业的业务领域和经营理念,在不偏离这一领域的范围内再进行多元化探讨。

经营战略 2-⑨

如果战略不能得以顺利实施,就会变得毫无意义!
如何确认经营战略是否已然奏效?

划重点! 必须不断思考如何进行改善

一旦你决定了实施某项经营战略并付诸实际行动后,就必须再次确认该战略是否可以顺利实施以及是否存在需要改善之处。对此,我们可以采用一种被叫作"戴明循环"(PDCA)的方法。PDCA是一个由Plan(计划)、Do(执行)、Check(评价)、Action(改善)这四个单词的首字母拼合而成的缩写词,用来检验某项经营战略是否取得成功。

这一过程分为如下四个步骤:首先,我们要制定经营战略计划并付诸实践;其次,我们要对该经营战略的实际执行情况进行评价;之后,我们要对该经营战略进行补

PDCA循环

1 Plan(计划)

把握现状,确定每月的销售目标和日程安排等具体的行动指南。

> 我的目标是在半年后达到这个销售额!

销售目标

充、调整和完善；最后，再次将改善后的经营战略付诸实践。如此循环往复，就可以逐步引导原本计划好的经营战略走向成功。顺便一提，这个循环过程也可以应用到个人工作之中。

2 Do（执行）

执行在步骤一中确定的计划。各部门和科室都要落实该计划并记录呈现出的效果。

3 Check（评价）

对经营战略的效果进行评价。我们可以通过数据来确认目标是否达成，重新审视原有计划和实际成果，明确问题所在及需要改善之处。

4 Action（改善）

在步骤三的基础上，讨论如何就问题点进行改善。另外，我们还可以考虑防止此类问题再次发生的对策，调整机制，并灵活应用于实践之中。

经营学人物档案 No.3 切斯特·巴纳德

经营学的理论基础是建立在经营者的经营经验之上的

构建基础概念的"经营学之父"

切斯特·巴纳德（Chester Barnard）是一名久经"商业战场"的企业经营者。他对自己的经验进行了系统化的总结，阐明了企业经营的概念，并提出了组织均衡（诱因与贡献的平衡）、组织三要素以及分工与协调等一系列经营学基本概念。

巴纳德在其提出的系统组织理论中表述了组织的理想状态及应有举措，为经营学的发展做出了巨大贡献。他从如何经营好一个企业的角度出发，探索了组织的形态，提出目的、动机、沟通这三要素是构成组织的基础。正是因为巴纳德把个人动机作为经营学的核心，才使得他的后继者们能够从"如何激励个人"的视角出发，推动了初期管理学的发展。

> 企业经营学的基础是由巴纳德构筑的。

第四章

市场营销的基本理论1

菲利普·科特勒提出,满足顾客的需求和购买欲即为『市场营销』。除此之外,还有各种各样关于市场营销的定义。本章我将为大家详细解说何为市场营销。

市场营销 1—①

洞察社会动态十分重要

何为市场营销?

1 社会动态

了解目前社会上最流行的事物。

> 这种木天蓼是当前最流行的。
> 那太棒了!

2 需求

需求指的是缺乏生活必需品的状态,这意味着顾客们有所希求。

> 好想吃木天蓼啊!

3 购买欲

需求指的是渴望获得眼下缺乏的物品;购买欲则更为具体,它能更加有效地帮我们锁定人们渴望获得的具体事物。一旦我们从贫乏的状态中解放出来,就会主动追求更高的生活品质。

何为市场营销?

> 有粉末状的木天蓼吗?
> 当然有了!

> **划重点！** 为人们提供他们想要的东西

被称为"营销之神"的美国经营学者菲利普·科特勒（Philip Kotler）认为，市场营销是个人和集体通过创造产品和价值，并同他人自由交换产品和价值，以此来获得其所需所欲之物的一种社会管理过程。缺乏生活必需品的状态即为"需求"，想要购买特定商品的欲望即是"购买欲"，而满足这两大要素的过程即为"市场营销"。

5 销售

销售是市场营销的一部分，指的是直接向客户提供某种产品或服务。

4 市场营销

被誉"管理学之父"的彼得·德鲁克（Peter Drucker）曾经说过："营销的目的在于认识和了解客户的希求，并确保产品和服务完全符合客户们的需要，进而实现自动销售。"

第四章 · 市场营销的基本理论 1

市场营销 1-② 企业的营销对象是谁？

市场营销的目标受众是什么？

划重点! 营销对象随着时代的变化而变化

市场营销的目标受众人群随着时代的变化而不断扩大。菲利普·科特勒曾将市场营销对象分为三类：首先，"营销1.0"的目标受众是大众市

1 营销1.0

该营销模式以产品为中心，以大众市场为对象。企业主要通过电视或网络等进行单方面的广告宣传，并向消费者提供更物美价廉的产品。

> 这款新产品价格更便宜、质量也更好！
>
> 太棒啦！
>
> 这正是我一直梦寐以求的款式。
>
> 我们根据您的要求量身定做了这款商品。

2 营销2.0

该营销模式以个体消费者为对象。企业为了抓住每个消费者的心，会同对方进行双向交流，从而提供更好的产品和服务。

场;"营销2.0"的目标受众是个体消费者;"营销3.0"的目标受众则是那些渴望从产品和服务中寻求精神满足(如为社会做贡献)的消费者。

随着时间的推移,我们迎来了IT时代。此时的人们开始渴望拥有更加坚定的自我意识。因此,科特勒在2014年提出了"营销4.0"的概念。他强调,企业必须以每位消费者的个性需求和主体价值观为焦点来提供相应的产品和服务。随着人们的心态从渴望做出社会贡献转向实现自我价值,市场营销的目标受众也发生了变化。

第四章 · 市场营销的基本理论 1

3 营销3.0

该营销模式的对象是那些渴望从产品和服务中寻求精神满足(如为社会做贡献)的消费者。

> 我们要保护环境,为社会做贡献!

> 好的,让我们共同努力吧!

> 随着时代的变化,营销对策也在不断变化。

菲利普·科特勒

> 我有一个这样的目标。

> 我们将助力您实现这一梦想。

4 营销4.0

这是一个消费者渴望满足个性需求和实现主体价值的时代。企业通过提供更具深度和广度的个人定制化产品或服务来帮助消费者实现自我价值。

市场营销 1－③

了解一般的营销流程

市场营销中最重要的是什么?

请问您现在想要什么?

呃……让我想想……

我们已经创造出质地精良的商品啦!

这的确很讨人喜欢啊!

步骤1
把握顾客需求。

步骤2
创造能够满足顾客需求的产品和服务。

划重点! 把握顾客需求并销售相应产品或服务十分重要

　　市场营销的关键是要创造出能够满足客户需求的产品或服务并将其推荐给目标受众,以期对方予以认可并购买。之后,我们要努力赢得客户们的信任,使其成为回头客,继而我们需要请这些回头客们向自己家人或朋友等宣传该产品或服务的优点,从而扩大原有的顾客群。

　　这是市场营销的理想型操作流程。为此,首先我们需要牢牢地把握

顾客的需求。为了了解客户们的需求，我们可以采取征询意见和调查研究的方式。这样我们就能够探究顾客们究竟渴望获得什么样的产品和服务。在此基础上，我们要认真思考以下两个问题：① 人在一天24小时中会关注哪些事物；② 我们应该采取何种方式接近目标客户来促使他们了解该产品或服务。此时，就需要我们经常站在顾客的立场上，不断思考如果自己是顾客的话会如何。

市场营销 1－④

打响市场营销实战！

如何制定营销战略？

划重点！ 认真执行五个步骤

在大致掌握了市场营销的全貌之后，我们就必须为打响市场营销实战而制定营销战略。所谓营销战略就是要明确客户对象、所售商品、营销地点、销售数量及销售方式等要素。

在此基础上，我们要认真执行以下五个步骤：① 调查分析市场环境；② 瞄准目标市场；③ 运用市场营销组合；④ 确定并实施整体战略；⑤ 加强监控和管理。这一过程即为营销战略的制定流程。

菲利普·科特勒将这五大步骤称为"营销管理流程"。在这其中，每一个步骤都是非常重要的，任何一个环节的缺失都会导致营销战略走向失败。

我们企业的强项是什么呢？

1 调查分析市场环境
（Research）

了解行业的结构和趋势，把握本企业所处环境及位置，明确与其他竞争对手之间的差异。

3 运用市场营销组合
（Marketing Mix）

考虑生产何种商品以及如何定价。此外，还需要确定最佳运输方式和促销手段。

2 瞄准目标市场
（Segmentation Targeting Positioning）

以年龄、性别等要素为切入点来对客户进行细致划分。锁定目标客户群后思考如何接近他们。

菲利普·科特勒的营销管理流程

我们也是目标客户吗？

4 确定并实施整体战略
（Implementation）

设定具体目标值并展开实际行动。同时，我们还需要在考虑到与其他职能部门合作的基础上制定营销战略。

我要让它成为一个大热门！

5 加强监控和管理
（Control）

我们要关注最终效果，检验该战略是否取得成功。确有必要，我们则要重新审视该战略并加以改进。

必须要对该策略进行调整改善啊！

第四章 · 市场营销的基本理论 1

市场营销 1 — ⑤

最重要的是锁定目标客户

如何精准锁定目标客户？

1 市场细分 (Segmentation)

指经营者根据消费者的年龄、性别、所处区域、购买行为或习惯等方面的差异，把某一产品的市场整体划分为若干消费者群的市场分类过程。在这一环节中，要以相同需求为依据来对顾客进行详细分类，进而筛选出对本公司有价值的客户群。

我们是食草性动物！

哪些人群会来光顾我们的店呢？

我们只吃桉树叶。

虽然我们只吃竹子，但实际上我们是食肉性动物。

我们是杂食性动物，既吃草也吃肉哟！

> **划重点！** STP是市场营销基础中的基础

在市场营销中最重要的是要锁定目标客户，其基本步骤为：① 市场细分（S）；② 目标市场选择（T）；③ 市场定位（P）。只要我们能够按部就班地实施"市场细分策略"（STP策略），就能锁定那些对本企业有价值的客户群，进而精准有效地使用有限的经营资源去切实地接近他们。

2 目标市场选择（Targeting）

通过市场细分，我们把客户们划分为若干个特定群体。其中，我们最想要接近的客户群体就是目标市场。

3 市场定位（Positioning）

市场定位是指企业针对已经锁定的目标人群进行商品或服务的差异化营销设计。通过这种方式，企业可以向客户展示自身优势并获得对方认可。

第四章 · 市场营销的基本理论 1

市场营销 1-⑥ 市场营销中必须具备的4个视点

通过4个要素来打动目标客户

划重点！ 综合展开利用4大要素

我在本章第4节中介绍的"市场营销组合"（Marketing Mix）概念其实是学者尼尔·博登（Neil Borden）在1950年前后提出的一个术语。具体说来，"市场营销组合"其实是4

4P要素

我们必须要结合4C要素来思考。

4C要素指的是什么？

做笔记！

4C要素分别指代的是顾客价值（Consumer Value）、顾客成本（Cost to the Customer）、沟通（Communication）和便利性（Convenience）。有人认为，比起站在营销者角度来思考4P要素，我们更应该站在消费者的角度来思考4C要素。

种用来打动目标客户的营销要素的集合体。这4个要素分别是：① 产品（Product）；② 价格（Price）；③ 流通（Place）；④ 促销（Promotion）。由于这四个词语的英文首字母都是P，所以被称为"4P"。4P是由学者埃德蒙·杰罗姆·麦卡锡在1960年前后首次提出的。需要注意的是，我们必须在完成STP（本章第5节）操作之后才能考虑运用4P要素。这是因为如果目标客户发生改变，4P要素也会随之改变。另外，所谓的4P要素其实是从卖方的角度来考虑的，所以有人认为，也应该站在买方的角度来考虑4C要素（本节中）。

第四章 ● 市场营销的基本理论 1

1 产品（Product）

不但要关注产品的类型、名称、设计、质量、尺寸等，还要考虑服务保障、退换货以及销售方式等。

2 价格（Price）

不但要做好产品定价工作，而且还要确定销售价格、支付期限和信贷条件等。

3 流通（Place）

不但要考虑流通渠道、流通范围和销售地点，还要确定库存和运输方式。

4 促销（Promotion）

包括促销活动、广告以及宣传活动在内的一切旨在让目标客户了解该商品或服务的行为。

市场营销 1-⑦

企业的定位由四个部分构成

如何确定本企业所处的市场位置？

① 市场领先者
指其产品在行业同类产品的市场中市场占有率最高的企业。例如，丰田汽车。

② 市场挑战者
是指那些瞄准市场领先者位置的企业。这些企业一般在行业中处于第二位次。
例如，日产汽车、本田汽车等。

③ 市场跟随者
指位于第三位或以下位次的企业。此类企业在大多数情况下会模仿并追随市场领先者或市场挑战者。例如，马自达汽车。

④ 市场拾遗补缺者
指把营销和发展的重点集中于那些被主要企业所忽略掉的市场领域，进而针对特定市场、特定顾客、特定产品等进行专业化经营的企业。例如，宝马汽车。

> 市场份额大概可以分为四类哦！

1 市场份额

菲利普·科特勒从市场占有率的角度出发，将企业定位分为四类。

划重点！ 思考本企业和本企业产品所处的市场位置

接下来我们要考虑的问题是自己的企业在市场中居于何种竞争位置，这被称为"定位战略"。此时需要我们同时考虑"市场份额"和"心智份额"两大要素。其中，市场份额指的是本企业产品在市场中所占的比例，也被称为"市场占有率"。与此相对，"心智份额"是指本企业产品在顾客心中的存在感。

2 心智份额

这一概念是由经营营销咨询公司的阿尔·里斯（Al Ries）与杰克·特劳特（Jack Trout）提出的。其具体含义为，当我们被问及"提到XX（某产品），你会想到什么"这一问题时，脑海中最先浮现出的产品就是心智份额最高的产品。

> 提到视频分享网站，你会想到哪个产品？

> YouTube（油管）！

> 那如果提到购物网站，你会想到哪家企业？

> 亚马逊。

第四章 市场营销的基本理论 1

市场营销 ❶—⑧ 了解本公司在行业中的位置

营销战略随着企业在行业中所处位置的改变而改变

划重点! 我们要在了解企业所处行业位置的基础上制定营销战略

在前一节中，我们讲解了如何从市场占有率的角度出发，将企业定位分为四类。实际上，企业在行业中所处位置不同，其采取的营销战略也就不同。科特勒认为，如果企业要想在竞争中取胜，就必须根据各自的行业地位来选择合适的经营战略。为此，他提出了市场竞争地位差异化战略。

四种市场竞争地位差异化战略

科特勒提出的市场竞争地位差异化战略，要求企业在制定营销战略之时必须要对4P要素进行慎重分析。然而，在没有把握企业所占市场份额的情况下，该战略很难发挥作用。另外，我们还很难据此理论将IT行业分为四类。

应采取的营销战略

[目标]：保持市场份额站位第一；
[计划]：维持或扩大现有市场份额；
[4P]：均质化；
[产品]：体系完整全面；
[价格]：高定价；
[流通]：全方位渠道；
[推广]：积极推进。

首要目标是争取行业排名第二位次。

市场拾遗补缺者

例如，位居业界第一的市场领导者为了保持领先地位，就必须拥有完整全面的产品体系，而不能依靠狭隘的分销战略。与之相反，市场拾遗补缺者则需要更加深入地打入缝隙市场，并把稳定销售当作首要目标。

另外，排名第一位次和第二位次的公司已经拥有了相当程度的企业规模，并获得了顾客们的信赖。以风险企业为代表的市场拾遗补缺者们，如果想要在中小市场中筑牢自身地位，就必须制定适合自己的利基战略[①]。

[①] "利基"原义为"壁龛；山体或悬崖上的凹洞；缝隙和缺口"。在商务界和市场营销领域，它被用来形容大市场中的缝隙市场，指向那些被市场中的主导者或有绝对优势的企业忽略的某些细分市场；指企业选定一个很小的产品或服务领域，集中力量进入并成为领先者，从当地市场到全国再到全球，同时建立各种壁垒，逐渐形成持久的竞争优势。这种有利的市场位置在西方被称为Niche，通常译作"利基"。——译者注

第四章 · 市场营销的基本理论 1

应采取的营销战略

[目标]：稳定的销售以及高利润率；
[计划]：整个市场生存区域的差异化；
[4P]：收紧、纵深；
[产品]：单一化；
[价格]：高定价；
[流通]：差异化；
[推广]：针对性强。

第一的宝座舍我其谁！

市场领先者

我要成为第一名！

姑且继续模仿他人吧！

市场挑战者

市场跟随者

应采取的营销战略

[目标]：夺取市场领先者地位；
[计划]：差异化；
[4P]：差异化；
[产品]：差异化；
[价格]：差异化；
[流通]：差异化；
[推广]：差异化。

应采取的营销战略

[目标]：继续存活；
[计划]：获得一定程度的利润和发展；
[4P]：降低成本；
[产品]：模仿；
[价格]：低定价；
[流通]：低价；
[推广]：限定规模。

市场营销 1—⑨

什么是"16%的普及率壁垒"?
并非所有的高科技产品都会受到人们的青睐

> 这个简直太棒了!我要买下它!

> 看起来很方便呢!

1 革新者 占比2.5%

热衷于最新科技和高新技术产品的人群。如果他们沉迷于某项技术的话,会毫不犹豫地将其购入。

2 初期使用者 占比13.5%

这一类人群能够敏感地捕捉到社会流行因素和新的商品信息,看重实用价值而非科技本身。他们会在某技术流行之前将其购入。

划重点! 高科技产品需要一个经营战略

如果某家企业推出了前所未见的高科技产品或者研发出了某项高新技术,就会引起社会的广泛关注。然而,这些高新高科技产品决不会单纯依靠其科技含量就赢得大众的青睐。高科技产品总是会陷入"16%的普及率壁垒"之中。所谓"16%的普及率壁垒"是高新技术产业中特有的现象,也被称为"鸿沟"(宽且深的沟壑)。

4 后期追随者

这类消费者对新技术和产品持怀疑态度。他们只有在某种新商品在市场上彻底渗透并迎来购买高峰期之后，才会谨慎地购买。

> 购入的话似乎也不会有什么损失。

> 因为大家人手一个，所以我也要买一个。

占比 34%

占比 34%

3 前期追随者

购买新技术或新商品比较谨慎，经过深思熟虑或听到熟人的感想和评论并确定该商品或技术具有较高价值时才会购入。就高新技术产品而言，想要打入这一层级并非易事。

> 不能因为它是高科技产品，就觉得它好。

占比 16%

5 迟钝者

这类消费者在消费群体中最为保守，且对高新技术产品持反感态度。他们对时代潮流和流行趋势漠不关心，只有到了某种商品或服务在市场上被大众广泛使用后才会考虑购买。当然，仍有一部分人始终不会购入该类产品或服务。

虽然高科技产品和高新技术是沿着"革新者——初期使用者——前期追随者——后期追随者——迟钝者"的顺序逐渐扩大范围，但如果想要跨越"16%的普及率壁垒"这条鸿沟，就必须依靠人数占多数的"后期追随者"给予支持。

另外，我们为了得到这些"后期追随者"的支持，就必须向他们普及高新技术。但两者是持有不同观点的阶层，所以必须考虑各自的有效经营战略。

市场营销 1—⑩

在把握产品生命周期的基础上制定营销战略

产品也是有生命周期的

1 引入期

指企业向市场推出新产品的时期。此时，即便销售额和利润很低，企业也必须为其进行广告宣传或开展促销活动。因此，此阶段出现亏损的概率很高。

2 成长期

该时期是需求增长阶段，需求量和销售额急速上升。虽然此时的市场规模在不断扩大，但是竞争企业也由此增加，因此如何获得更多的市场份额成了主要课题。

划重点！ 营销战略随着产品所处阶段的改变而改变

如果你一直使用某个产品，那么它会随着时间的推移而变得破旧，最终达到其生命的终点。因此，经济学家乔尔·迪恩（Joel Dean）认为产品也是有生命周期的。迪恩在1950年发表的论文中提出，"所有的产品和市场都要经历从诞生到衰退的生命过程"。

这一过程就是所谓的产品生命周期，包括"引入期""成长期""成

3 成熟期

该时期的市场需求趋于饱和,销售增长速度减缓,同行之间的竞争达到白热化程度。此时,我们需要采取差异化经营策略来维持现有的市场份额。

花儿开放了!

花儿枯萎了!

4 衰退期

在该时期,替代品的出现会导致产品销售量和利润持续下降。此时,很多企业会因为无利可图而陆续退出市场,但我们在该阶段可以考虑通过削减成本来赚取利润。

熟期""衰退期"这四个阶段。例如,对于已经进入衰退期的产品,无论我们做什么样的广告宣传或开展促销活动都不会取得任何效果。此外,也存在某件商品忽然从成长期转向衰退期或某件处于成熟期的产品再次迎来成长期的情况。

产品所处的阶段不同,我们要采取的营销战略也就不同,所以我们要准确把握本企业的产品处于哪一阶段。

市场营销 1-⑪

如何才能避开激烈的竞争，找到独特的营销路线呢？

如果没有竞争对手，企业会获得成功吗？

划重点！ 要找到属于自己的独特市场，而非沉陷于竞争激烈的市场

已经开始生产并销售某种产品或服务的企业每天都在与竞争对手展开激烈的竞争。这种竞争激烈的市场被称为"红海"。

虽然在红海中谋求生存异常艰难，但只要我们开拓出一个竞争对手较少的未知市场，就能获得更大的市场份额——这被称为"蓝海战略"。

蓝海战略最大的优势在于企业可以低成本、高单价地提供产品和服务。这样一来，我们既可以实现与其他企业的差异化，也可以促进利润的增长。因为没有竞争对手，所以企业有机会在短时间内获得大量客户，从而也就更容易获得成功。

1 红海战略和蓝海战略

在红海市场中，企业必须与众多的竞争对手展开激烈的竞争。此时的企业由于消耗大量竞争成本而难以盈利。与此相对，由于蓝海市场中不存在竞争对手，所以企业可以实现与其他公司的差异化，从而更容易获得利润。

充满竞争！
红海市场

没有竞争对手啊！
蓝海市场

蓝海战略成功案例

2 理发店

普通的理发店不但能为顾客理发,还能提供洗头和烫发等服务项目,且市场价格为每小时3000~4000日元。理发行业的竞争本来就很激烈,所以如果我们用同样的经营模式是很难获得成功的。

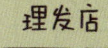

3 千元理发店

QB House创建了一家只提供1000日元的理发服务。该项服务只需要花费10分钟,而且由于不提供洗发服务,所以不会产生制作洗脸台的成本。因此,该理发店最多可在一小时内实现6000日元的销售额。

从2019年2月1日起价格调整为1200日元(含税)。

经营学人物档案 No.4

菲利普·科特勒

总结先人所创理论，并将市场营销升华为一门学问

直至现在，仍然奔走于第一线

原来市场营销从一开始不是一门学问啊！

菲利普·科特勒成功将市场营销升华为企业中重要的功能之一，因此被称为市场营销第一人。

在过去，市场营销只是在企业销售其创造的产品和服务等方面起到辅助作用。在进入大众消费时代后，科特勒发现市场营销才是企业的核心职能，并将该理论普及开来。他将前人创造的理论体系整理汇编成一本名为《营销百科全书》的图书。值得注意的是，这本书不是从零开始创造出来的。至此，市场营销首次从一种混杂着各种专业知识的个人工具升华为一门学问。

第五章

市场营销的基本理论2

要想在市场营销中获得成功，就必须在一定程度上拥有接受本企业商品或服务的顾客群。在本章中，我将带领大家一起对市场营销与客户信息、顾客满意度等数据的关联性以及顾客的重要性进行分析。

市场营销 2－①

提高顾客满意度是获得客户的关键

何为顾客满意度?

1 顾客满意度

顾客满意度（Customer Satisfaction）是指企业提供的产品或服务使顾客满意的程度。企业通过问卷调查等方式对顾客满意度进行调查和评估，并利用其指导新产品或服务的开发。

感觉一般。

效果超出预期啊!

效果远远超出了期待啊!

满意度 低

满意度 高

划重点！ 提高顾客满意度和创造客户是企业的责任

被誉为"美国营销界的第一人"的经济学家西奥多·莱维特（Theodore Levitt）在论文《营销短视症》(*Marketing Myopia*)中指出："企业应该是为提高顾客满意度和创造客户而存在的有机体。"换言之，客户满意度（CS）就是客户将某产品或服务可感知的效果与其期望值相比较后形成的愉悦或失望的感觉状态。顾客满意度的高低取决于商品或服务在何种程度上达到了客户的期待值。

2 企业存在的作用

莱维特认为："企业不仅要创造产品或服务，还要促进顾客产生购买欲望，进而让他们愿意与企业进行交易，这才是市场营销。"

第五章 · 市场营销的基本理论 2

市场营销 2—②

如何在市场营销中灵活运用客户信息?

分享信息是赢得大主顾的关键

划重点! 建立客户信息数据库是非常重要的项目

在将老客户转变为长期合作的大主顾这一过程中,客户关系管理(Customer Relationship Management,简称CRM)发挥着重要作用。在进行客户关系管理的过程中,企业要建立一个客户信息数据

1 CRM的重要性

拓展新客户固然非常重要,但维持与老客户的关系也不容忽视。为了进一步接近现有客户,我们必须从各个角度收集客户信息,并在企业内部共享,最后提出更具针对性的沟通方案。

通过网络

通过电话

这是您喜欢的款式吧!

你还真的很懂我呢!

销售信息

库，并将收集到客户信息与包括销售服务窗口和电话客服中心在内的所有接触顾客的部门共享，以此来按照顾客的喜好使用适当的渠道和方式，细致地与之进行交流。顾客数据库可以说是企业的生命。我们要收集的客户信息不仅包括年龄、性别、居住地等基本数据，还包括其生活方式、兴趣爱好、过去的购买信息以及咨询内容等。通过收集详细的信息，企业就能够对客户的要求做出回应，并提供顾客喜欢的产品或服务等相关信息。

然而，我们要注意不要提供过多信息，否则会导致客户满意度下降。

2 灵活运用客户信息

我们可以从会员注册时的登记内容、客户资料卡上的记录内容以及电话客服中心的咨询记录中收集可以灵活运用的客户信息。有时候也可以借助问卷调查的方式。

我们只有一个孩子！

过去的购买信息和使用情况以及购买产品的动机和偏好。

兴趣爱好或生活方式等个人信息。

周末我会去打高尔夫球。

这是我本月第二次来你们店铺购物呢！

新产品进货了吗？

包括产品咨询和投诉在内的所有电话客服沟通记录。

年龄、性别、居住地、工作、家庭构成等基本数据。

第五章 · 市场营销的基本理论 2

市场营销 2-③

提高销售额的关键掌握在老客户手中

应该偏向重要客户吗?

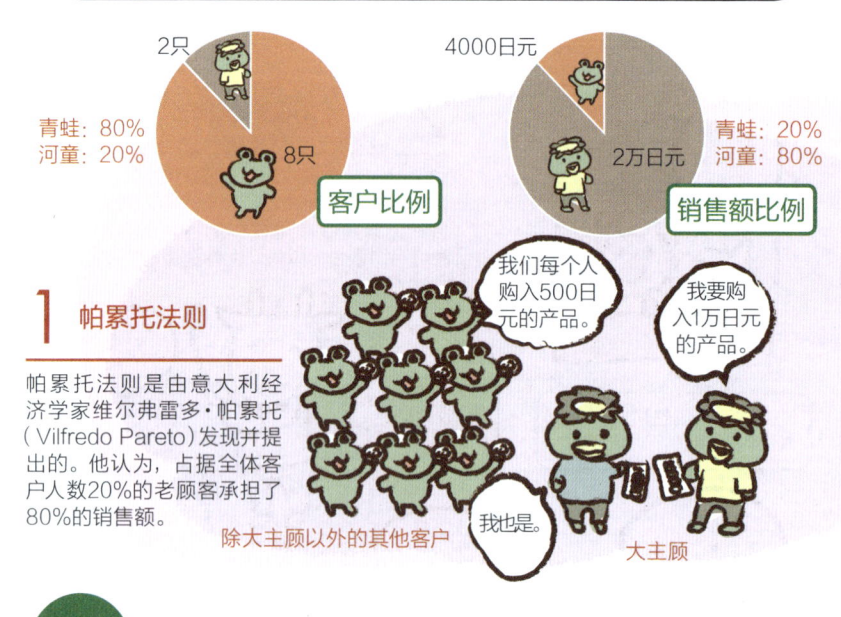

2只　　　　　4000日元

青蛙：80%　　　　　　　　　青蛙：20%
河童：20%　　8只　　2万日元　河童：80%

客户比例　　　　　**销售额比例**

1 帕累托法则

帕累托法则是由意大利经济学家维尔弗雷多·帕累托（Vilfredo Pareto）发现并提出的。他认为，占据全体客户人数20%的老顾客承担了80%的销售额。

我们每个人购入500日元的产品。

我要购入1万日元的产品。

我也是。

除大主顾以外的其他客户　　　　大主顾

划重点! 凡事均有侧重点

　　对于企业来说，频繁且大量购买本企业产品的老客户是非常重要的。因此，我们会很自然地认为偏向这些老客户会提高企业的销售额。

　　实际上，有一种观点认为，在全体顾客中占比20%的老客户承担了80%的销售额，这被称为"帕累托法则"。当然，根据产品的不同，该比例也会有所变化。但不可否认的是，大部分的销售额是由客户中的

2 运用帕累托法则的CRM

A店为了向更广泛的顾客均等地做商品宣传而没有特意偏向大主顾。与此相对，集中精力向20%的大主顾进行产品宣传的B店获得了更高的经济利润。

陈列了种类广泛的产品。

A店

恭候您多时了。

全都是我喜欢的鱼类啊！

B店

占比20%的高级主顾

一小部分人创造出来的，这也是构成CRM的基础。

换言之，我们与其对所有顾客均等地进行宣传，不如集中精力去接触那些购买频率高、消费金额大的20%的优质顾客，这样企业能够实现最优性价比。

然而，这绝不意味着我们要忽视其余的80%客户，只是我们要懂得如何把有限的经营资源集中分配到哪里。

市场营销 2-④

支持本企业产品或服务的客户不可或缺
如何培养本企业的长期客户？（上）

划重点！ 通过返利或提供特权来创造"追随者"

企业要创造出"帕累托法则"中所提到的20%的优质客户并非易事。但是，如果企业可以努力创造一些"追随者"式的顾客，他们不仅会继续购买本企业的产品和服务，而且会自发地对其进行宣传。

这种用来创造"追随者"式客户群的方法被称为"忠诚营销"。该销售模式主要包括以下两种途径：① 硬性福利，如赠送优惠券或宣传性赠品等返利方式；② 软性福利，如邀请对方参加活动或参与经营等（通过感情手段吸引顾客的优惠方式）。企业可以通过这些方式来提高客户忠诚度，并以此来保障业务的正常运行。

1 提供特权

通过金钱返利或提供特权，以增加顾客对企业或店铺的信赖感和喜爱感，从而提高顾客的忠诚度。

> 如果方便的话，还请您再次光临本店。

> 我还会再来的！

优惠券

2 品牌推广

品牌推广是提高顾客忠诚度的方法之一。通过打造良好的品牌形象（例如，"去那家店绝对是一个正确选择""那家店总是推出非常酷的产品"），可以增加顾客的信赖度。

> 感谢您每次光顾本店！

> 这家店每次都给我们提供最高规格的服务！

> 那我们下个月再来吧！

> 我成了这家店的忠诚粉丝了！

> 那家餐厅是最棒的！

> 下次我要去那家店试试看！

3 顾客忠诚度

如果企业能够通过提供特权和品牌推广等手段来提高顾客忠诚度，那么即使不做广告宣传也会有顾客来购买产品或者向周围的人宣传产品和服务的优点。

第五章 · 市场营销的基本理论 2

市场营销 2—⑤

我们要让忠诚客户更加满意!

如何培养本企业的长期客户?(下)

1 一对一营销

伴随着信息量的急剧增加,顾客们的需求也日趋多样化。对此,企业要基于每个顾客的购买历史和咨询记录等信息来提供针对客户个人的个性化服务,而不能囫囵吞枣地采取普通的大众营销方式。

多么漂亮的手杖啊!

这根手杖与您之前购买的那套正装非常相配呢!

听说您的常备药快用完了,这次我给您带来了一些。

太感谢你啦!

第五章 • 市场营销的基本理论 2

划重点！ 个性化的应对方案有利于长期维护信赖关系

为了使顾客成为本企业产品和服务的忠诚"追随者"，我们必须要努力提高顾客们的满意度。当顾客感觉到自己现在正在享受的是针对他个人的个性化服务时，就会与企业建立起信赖关系，自然而然也就会成为回头客。像这种针对不同顾客提供个性化服务的战略被称为"一对一营销"——这也是为什么我们在网上购物后，购物网站会相应地推送有关商品或服务的原因。

2 与客户的信赖关系

电子商务网站的一对一营销方式，其优势就在于可以不花费任何成本向顾客提出合适的购物方案。通过提供个性化的信息，商家可以加强与顾客的信赖关系。

这里有您可能感兴趣的商品哦！

这是给您的优惠券哦！

我们又推出新产品啦！

感谢你为我提供了这么多的信息！

现在正在打折哟！
SALE

市场营销 2—⑥

什么是注重生活方式的营销技巧？

每个人独有的生活方式给了我们一定的启发

> **划重点!** 按生活方式对消费者进行分类，以采取正确的公关营销方式

1987年，斯坦福研究所进行了名为Values and Lifestyles，即"价值与生活方式"（以下简称VALS）的生活方式分析研究活动。它将个人价值观和生活方式的概念带入市场营销

1 VALS的市场细分

斯坦福研究所将个人价值和生活方式的概念带入了市场营销之中，并由此推出了VALS的概念。它根据经济环境和人的心理将消费者分为九类。

- 生活穷困者
- 生活维持者（自由职业者和依靠养老金生活者）
- 集体归属者（公司雇员或公务员等）

我是素食主义者。

我是草食系男子。

我是生活节奏不规律者。

之中，"生活方式营销"也就由此而诞生。

生活方式营销首先根据经济环境和人的心理将消费者分为九类：生活穷困者、生活维持者、集体归属者、年轻知性派、知性派、社会良知派、渴望成功者、成功人士和自我价值实现者。

此外，VALS认为个人的生活方式是由行动、兴趣和意见这三大要素形成的。另外，我们也可以从VALS的思维方式出发来推导出对方的生活形态。由此，我们就能把握消费者的价值观和生活方式的总体趋势，确定应该向哪些类型的顾客群体宣传本企业的产品和服务。

第五章·市场营销的基本理论 2

年轻经营者和艺术家 —— 年轻知性派
知识精英和知识自由职业者 —— 知性派
企业高管、医生和律师 —— 社会良知派
年轻创业者和个体户 —— 渴望成功者
企业家和政治家等 —— 成功人士
自我价值实现者 —— 受社会尊敬的成功人士

2 生活方式的分类

利用VALS对个人生活方式进行更为细致的分类，以达到精准促销和广告投放的目的。生活方式的分类方式随着企业产品和服务种类的不同而不同。

我是活跃的老年人。

我是健康意识较强的人。

我是足不出户者。

99

市场营销 2-⑦

了解消费者决定购买的过程

消费者购买行为的背后是否存在某种机制呢?

1 霍华德-谢思模式

"S-O-R模式"表明消费者实际是在各种因素的刺激下做出购买商品或服务的决策,实施购买行为。在这其中,"霍华德-谢思模式"是最具代表性的模式之一,该模式认为消费者是否产生购买欲望主要是由"信息输入""感知构造""学习构造""反应产出"这四个要素决定的。

刺激(Stimulus)

这款吹风机看起来真不错!

① 信息输入

这款吹风机似乎比我现有的那款更能快速吹干头发。

② 处理输入的信息
判断是否具有好感(Organism)

是时候要买一个新款式的吹风机啦!

③ 决定是否购买
反应(Response)

好啦!终于买到手了!

④ 购买

划重点! 消费者在购买商品之前需要经历的过程

消费者在购买某件产品或服务的时候,一定是具备某种契机的。人在受到产品、广告、口碑等刺激(S)之后,会判断自身是否对此产生好感(O),进而会做出购买与否的行为反应(R),这被称为"S-O-R

2 决策模式

根据之前是否购买过该商品以及是否经常购买该商品等要素，我们可以将消费者实施购买行为之前的决策模式分为三大类型。

必须要细致调查啊！

在购入从未使用过或购买过的产品时，消费者们会收集更多的信息来进行研究。

广泛性问题解决

在我们犹豫是否要购买某件商品之时，为了确定自己是否真的具有该购买意向，必须要收集相关信息。

我想去店里看看实物。

有限性问题解决

啊！牛奶喝完了，我要去买一些。

再次购买日常所需用品时，无须重新收集信息便可迅速确定购买意向。

例行性问题解决

模式"。另外，描述消费者决定购买产品或服务的过程被称为"霍华德-谢思模式"，这也是S-O-R模式中最具代表性的模式。"霍华德-谢思模式"认为，消费者的购买欲望由"信息输入""感知构造""学习构造""反应产出"这四个要素决定。此外，霍华德-谢思模式透过消费者学习过程来探讨消费行为，将购买决策分为三大类型。

　　了解消费者在决定购买某产品或服务之前的思维机制是全面把握市场营销的基础。

市场营销 2-⑧

左右消费者活动的并非需求

调动消费者感情也是一种市场营销吗?

> 想要解决生活必需品匮乏的局面。

需求

> 我想要充分享受购买和消费的过程。

过程

> 想要得到好的东西!

> 我想体验感动、喜悦以及满足之感!

1 结果价值

有些消费者认为,在物质和信息泛滥的现代社会中,那种单纯依靠商品的设计和奢侈感来满足消费需求的"结果价值"已经有些无法适应时代潮流了。

结果价值

2 体验价值

体验价值

不仅要有效满足消费者的种种物质性需求,而且还要让消费者们充分了解,获得该产品或服务的过程以及在这一过程中会产生怎样的感觉。这在市场营销中是非常重要的。

划重点! 在物质过剩的现代社会中,体验价值发挥着重要作用

尽管人们长期以来把市场营销看作满足消费者需求的一种活动方式,但伯德·H. 施密特(Bernd H. Schmitt)博士却认为,刺激消费

3 体验营销的五大类型

施密特博士以认知科学的概念为基础,将体验营销分为以下五大类型。

① Sense(感官式体验营销策略)

通过视觉、听觉、嗅觉、味觉和触觉等"五感"来创造或获得感官上的体验。

> 这首曲子听起来真棒!

② Feel(情感式体验营销策略)

通过各种手段唤起顾客对品牌的喜爱之情或者触动消费者的内心情感,创造情感体验。

> 我好喜欢这个吉祥物形象!

③ Think(思考式体验营销策略)

通过激发人们的智力和好奇心,创造性地让消费者获得认识和解决问题的体验。

> 这是我从未见过的生物!

④ Act(行动式体验营销策略)

在饮食生活或时间分配方式等方面提出相关建议,从而使消费者的需求被激发或使其自发地改变生活方式。

> 这是我第一次尝试这种吃法!

> 果然很有品位呢!

⑤ Relate(关联式体验营销策略)

结合顾客想要获得的文化需求来促进市场开发和产品销售。

者的情感,激发消费者的好感也是非常重要的。这种调动消费者感情的营销方法被称为"体验营销战略"。

这一营销战略不仅仅注重为消费者提供生产生活必需品以及更好的产品或服务等"结果价值",而且还力图创造使消费者得以兴奋或满足的体验价值。

第五章 · 市场营销的基本理论 2

市场营销 2-⑨

体育赛事中的广告宣传效果更好！

如何让更多人了解本企业的产品？

1 赞助营销

1984年洛杉矶奥运会开始实行每个行业只接受一家公司赞助的制度，即独家官方赞助制度。也正因为如此，才使得奥组委筹集到大量的运营资金。越是在全世界范围内播放的大型比赛中做广告，越能取得更好的宣传效果，而赞助费也就越高。

> **划重点！** 我们可以在世界大赛中向全世界宣传本企业的产品

当观看一场体育赛事时，体育场内的广告牌总能引起观众们的注意力。实际上，奥运会或世界杯之类的体育赛事便是宣传本企业的绝好机会。除了张贴大型广告牌之外，我们还可以通过在队员的制服或海报上刊登本公司的logo及产品等方式来实现大规模宣传的目的。能够让全世界的人都了解本企业的产品，这就是投入巨额预算做广告的好处之一。

2 赞助商与球队的互惠互利

在同体育团体或运动员签订合同并支付一定费用的基础上，赞助商可以通过在体育场馆张贴广告或者在队员制服上印制企业标志等方式来宣传自己。而体育团体和运动员可以利用从赞助商获得的收入来维持团队的运营和比赛的差旅费用。

3 赞助范围扩大到所有运动项目

棒球或足球等大型体育项目自不必说，就连一些冷门体育项目也会有企业来提供赞助。如果是本地的球队参加比赛，那么当地的企业也会争取成为赞助商来为球队和选手提供支持。

第五章 ● 市场营销的基本理论 2

市场营销 2—⑩

推送符合个人品位和喜好的广告颇具效果

如何利用信息技术来进行市场营销？（上）

1 什么是"搜索引擎广告"？

当我们使用谷歌、雅虎等搜索引擎去检索某个关键词时，就会出现与其相关的网络广告。其特点是可以根据个人兴趣爱好精准地推送广告，且某个关键词被检索的次数越多，其对应的广告被推送的概率也就越大。

> 这辆自行车好酷啊！

划重点！ 通过设定关键词来锁定目标客户群

当我们在互联网上搜索"自行车"这个关键词后，会在接下来的一段时间内不断地被推送各种各样与自行车相关的广告。这其实是一种被称为"产品目录广告"或"搜索引擎广告"的营销方法。

只要顾客去检索"自行车"这个关键词，就意味着，即便他现在并不打算立刻购买一辆自行车，但至少也是对自行车颇感兴趣的。因此，

2 对企业方产生的益处

单纯推送相关广告是不会产生任何费用的，企业只需根据本企业广告被点击的次数来付费。因此，只有在对本企业的产品和服务感兴趣的顾客们真正看到相关广告之后才会产生费用。

产生多少广告费用就意味着有多少人查看了我们的广告啊！

广告负责人

3 设定关键词

如果某个关键词被频繁地被搜索，那就意味着存在很多的竞争对手。如果有多家公司都设置相同的关键词，那么排名将根据出价金额的高低和点击率的多少而变化。因此企业在设置关键词时需要下一番功夫。

谷歌检索
自行车 便宜

把目标锁定在那些寻找经济实惠自行车的客户身上，这样就会有更多人点击我们的广告。

广告负责人

如果此时向他们推送与自行车相关的广告，那么被点击的概率就会提高。这种"搜索引擎广告"只有在被客户们点击之后才会产生广告费用，因此对于投放广告的企业来讲是一种非常友好的机制。另外，"搜索引擎广告"的特征在于，广告主可以根据客户所输入的关键词精准地投放相应的广告页面。

比如，当顾客们在搜索"自行车"和"便宜"这两个关键词的时候，就会为其显示出一系列价格合理的自行车店。这样一来，企业们就能更加精准地锁定目标客户群。

市场营销 2-⑪

如何让消费者不觉得自己在面对广告推销？
如何利用信息技术来进行市场营销？（下）

划重点！ 如何让人觉得这并非广告，而是页面内容的一部分？

"搜索引擎广告"虽然给企业带来了诸多益处，但是如果总是出现相同的广告，消费者就会对此感到厌烦。

于是，"原生广告"就应运而生了。"搜索引擎广告"往往会出现在与该广告毫无关系的页面之中，而"原生广告"则会非常自然地融入网页内容之中，所以很难让人觉得这是广告。

另外，出现在各社交平台时间轴上的软文广告等被称为"植入广告"。植入广告也是原生广告的一种，据说其点击率是普通广告的两倍。然而，制作原生广告也会需要花费更多的时间和金钱。

1 搜索引擎广告的缺点

即使是搜索完全不同的关键词，也会出现一样的推送广告。这会给消费者带来不愉快感，甚至会被忽视。

> 我明明在搜索"糖果"，出现的却是关于自行车的广告……

2 原生广告

以非常自然的形式融入页面内容之中的原生广告看起来并不像是广告,因此不容易招致消费者们的厌恶。然而,它们必须包含对浏览者有用的信息。另外,原生广告一般会通过"广告"或"PR"[①]等字眼标明此为广告。

> 我们骑车去旅行吧!

> 一边欣赏风景一边骑自行车,这是多么棒的体验啊!

笔记

原生广告和植入广告一定会标明"赞助"(SPONSORED)、"广告"和"促销"等字眼。因为广告投放商要遵循必须区分内容和广告的规则。

3 植入广告

指投放于网站、应用程序、社交平台或网络、电视节目之中的广告。其优点是容易引起消费者们的注意和兴趣。

- 新的商业设施开业
- YouTube上的XX结婚
- 最新款的电动自行车骑起来感觉很舒服
- 野猫就任一日站长

> 本以为是普通的报道就点击了一下,结果发现原来是广告啊。不过,这则广告对我来说还是挺有益处的。

第五章 · 市场营销的基本理论 2

---
① PR是英文Public Relations的缩写,意为公关、宣传。——编者注

| 经营学人物档案 No.5

迈克尔·波特

以经济学视角构建经营学核心理论的杰出贡献者

一个改变经营学思维方式的理论

迈克尔·波特（Michael Porter）被称为战略理论框架的奠基者。菲利普·科特勒在其前辈的理论基础上将市场营销升华为一门学问，而波特则是通过自己的理论构建起经营战略的学问体系。

波特的专业是经济学。他的研究重点是如何才能实现完全竞争，并将其应用到提高公司利润的经营战略之中，这就是所谓的"五力分析"。以往的经营学侧重于研究如何有效且顺利地展开运营，而波特的"五力分析"则是从"如何创造利润"这一经济学视角来展开理论分析的。由此导致经营学思想出现了变化。

> 用自己的原创理论颠覆大家对经营学的看法，这真是了不起啊！

第六章

商业模式的基本理论

为了顺利地经营一家公司，就必须考虑如何赚取利润的问题。商业模式指的就是盈利机制。在这一章中，我将为大家介绍商业模式的历史沿革以及在现代社会中商业模式是如何被灵活运用的。

商业模式 ①

盈利机制

何为商业模式?

企业所追求的商业模式

目标客户群

环境　时代

灵活性

灵活性对于商业经营是至关重要的。

灵活性

企业必须具备能够根据顾客、时代、环境的变化而不断构建新型商业模式的灵活性。

划重点！ 顺应时代和环境变化的重要性

商业模式是为了盈利而进行的一系列经营活动。简单来说，就是"盈利机制"。企业不要拘泥于已经建立起来的价值观，而应该根据目标、时代、环境的变化不断构筑新的商业模式，这也被称为"商业模式创新（革新）"。如果企业无法做到这一点，那么终究会失去竞争力。

第六章 ● 商业模式的基本理论

商业模式创新

过去的创新

- 这是最新版本的软件哦！
- 这是改良版啊！
- 以往的革新往往只考虑个体产品的变化。

新兴模式的创新

- 每个月只需1000日元就可以无限使用包括最新软件在内的所有软件！
- 好想要！
- 太棒啦！
- 不仅要考虑产品本身，而且还要考虑销售办法的革新。

商业模式 ②

商业模式的时代变迁

不断变化的时代需要不同的商业模式

划重点! 时至今日的商业模式百年变迁史

企业的商业模式是不断与时俱进的。那么，历史上的商业模式是如何变迁的呢？在20世纪初，社会中确立了"大规模生产"①的生产模式，

---

① 这是20世纪最流行的资本主义生产方式。以泰勒的科学管理方法为基础，以生产过程的分解、流水线组装、标准化零部件、大批量生产和机械式重复劳动等为主要特征。——译者注

20世纪初

1 大规模生产模式

汽车制造商通过运输生产线大规模生产廉价汽车，扩大了市场。

20世纪20年代

2 GMS（大型零售商业模式）

大规模生产模式导致市场不断扩大。在此影响下，美国的超市开始销售所有日常用品，由此迎来了一个大众消费的时代。

并借此扩大了市场范围。

　　20世纪20年代，一种被称为"GMS模式"[①]的大型零售商业模式伴随着市场的不断扩大而得以确立，并由此开启了大众消费的时代。到了20世纪50年代，计算机开始在民间得以应用；充分利用国家与国家之间的贸易管理和计算处理能力的"信用卡业务"也就应运而生。20世纪90年代，随着互联网的商业化，旨在通过各种利基产品来谋求收益的"长尾理论"逐渐走入了人们的视野。到了21世纪初，随着智能手机的普及，消费市场也发生了巨变。由此，使用者在任何地方都可以享受视频和音乐等内容的"订阅模式"就诞生了。

第六章 • 商业模式的基本理论

① 这种模式集连锁经营的高效性和一站性购物的便利性为一体。它采取大型综合性超市的模式迅速扩大其影响力，也使得其有较高的议价能力，进货成本较低，并且推行低价销售的策略，吸引大量消费者，提高营运能力。——译者注

20世纪50年代

3 信用卡商业模式

随着计算机开始在民间得以应用，建立在计算机计算处理能力基础上的信用卡商业模式得以成立。

20世纪90年代

"这里有许多在其他地方根本就买不到的商品！"

"就买它啦！"

4 长尾市场商业模式

随着互联网的普及，长尾市场经营模式应运而生。其主要特征是能够生产各种各样的产品来最好地满足消费者们的需求。

21世纪初

"我可以随时随地畅享音乐！"

5 订阅服务商业模式

由智能手机引发的市场巨变催生了新一代的商业模式。消费者们只需支付定额费用，就可以随时随地在智能手机上享受视频和音乐。

115

商业模式 ③

创造稳定的定期收入

何为消耗品模式？

什么是"消耗品模式"啊？

以如此低廉的价格销售商品的主体部分，根本不会盈利啊！

把固定的剃须刀片改成可替换式刀片。

通过可持续替换使用的消耗品提高经济收益

最初是消极局面

划重点！ 将消极因素转化为积极因素

"消耗品模式"是指企业以低价销售商品的主体部分并单独销售附属消耗品的方式，来提高累计销售额的商业模式。这是目前许多企业都会采用的营销方法，但有时也会由于商品主体部分的价格过低而出现亏损。

在这种情况下，企业仍然采用"消耗品模式"的理由是为了留住顾客。当消费者们被较低的价格所吸引并购买该商品后，会继续从同一个

"消耗品模式"的风险

因为初期投资较大且开发费用较高,所以一旦没有达到预期的销售额,就会给企业带来巨大的经济损失。另外,企业还时刻面临其他企业以更低的价格销售相同标准附属消耗品的风险。

实施了"消耗品模式"之后,你就可以高枕无忧地期待消费者们会重复购买消耗品,并由此产生稳定的定期收入。

但是企业也面临巨大的风险啊!

游戏机*游戏软件

打/复印机*墨水

咖啡机*咖啡豆

"消耗品模式"可以被广泛地应用到多种商品的销售中。

制造商那里购买附属的消耗品,直至该商品无法使用为止。正是这种长期的规划给企业提供了稳定的定期收入来源,也使企业能够继续以低价销售商品的主体部分。

然而,这种营销模式中的初期投资较大,加之商品的主体部分在畅销之前需要投入大量的初期成本和开发费用。因此,如果无法达到预期的销售额,就会给企业带来巨大的经济损失。另外,如果其他企业生产或销售可替代该消耗品的相关产品,也会给本企业带来一定的亏损风险。

商业模式 ④

虽然只有会员才能享受某些商品或服务,却仍然可以盈利!

何为会员制模式?

划重点! 仅仅依靠会员费就足以赚取利润

"会员制模式"是指消费者在成为某店铺或网站的会员后,通过支付一定期限内的费用定额来享受相应的产品或服务,而企业可以从会员费中获得稳定月收入的商业模式。

这种模式的优势之就在于,即使会员从未使用过该服务,企业也仍然可以在该会员退会之前赚取每月的会员费。另外,这种模式还会让会员消费者们产生不使用该会员权益就会吃亏的感受,从而达到吸引其反复消费的结果。因此,使用这一商业模式的重要前提就是要了解哪些服务或魅力足以吸引顾客愿意为之付费并重复消费。

> 为什么许多大型超市都在实行"会员制"呢?

> 确实如此啊!明明是要让所有人都能购买商品或服务才会更盈利嘛!

- 高品质
- 低价格

1 会员制模式

在会员制模式下,无论会员们消费与否,其必须支付的会员费便构成了企业固定收入的一部分。因此,即便企业完全将顾客范围限定于会员消费者,也仍然可以盈利。

> 由于好市多公司的产品质量较高,所以一直受到餐饮店等行业的青睐和广泛使用。

2 采购人气商品

好市多公司的畅销商品都是物美价廉的商品。通过从厂家大量采购畅销商品,成功实现了低价采购。这样就建立起了单纯依靠会员费就能盈利的机制。

3 资金周转

好市多从制造商处大量采购商品的前提是必须允许其推迟结算时间。这样一来,好市多就可以在无进货成本的情况下通过预先收取会员费或赚取商品销售额来增加企业可以动用的现金数量,进而促使资金周转变得更加轻松灵活。

> 既然成了会员,我们就要多多去购物吧!

4 重复消费

会员制模式的优点就是大大提高了重复购买率。因为该模式能够让消费者产生"既然成了会员并交纳了会员费,就不能亏本"的想法,从而达到吸引其反复消费的结果。

第六章 • 商业模式的基本理论

商业模式 ⑤

全球市值TOP5的企业都在使用的商业模式！
互联网中隐藏着哪些商业模式？

划重点！ 蕴藏着成长为大企业的可能性

作为商业模式之一的"平台战略"，是指通过在不同公司和用户之

平台战略®

这里有各式各样的店铺呢！

中介

顾客 ⇄ 商店

1 对顾客的益处

客户在任何地方都能够以低廉价格购买各种产品，而不需要为了购买所需之物而出门。

2 对商家的益处

可以在一个拥有大量顾客群的地区以低廉的门面费来经营店铺。

（平台战略®是Net Strategy公司的注册商标）

间创造中介联系来为其提供互动交流机制以达到从中盈利的目的。这是谷歌公司、苹果公司、元宇宙公司、亚马逊公司等企业均在使用的经营战略，这与茶道、花道中的"家元制度"[①]是一脉相承的。师父负责向弟子传授礼仪和技术。之后，弟子们在取得执照后开设培训机构，而相关人员就会按几何数级[②]急剧增加。

[①] 所谓"家元"，是指创立某一技艺鼻祖的嫡系后继者，因拥有技艺和血缘方面的正统性而享有特权的"家"。在这种制度下，一个师傅可以有很多弟子，但本流派的绝技只传授给其中某个弟子。一般情况下，"家元"是世袭传承的。"家元制度"中包含着日本人对血缘正统性的信奉，反映了日本社会制度的微妙特点。所有成员全身心地服从地位最高的唯一"家元"，并对神秘化的技艺充满了赞扬之情。——译者注

[②] 原文中作者用了"ネズミ算式"的说法，被译为"鼠算"。老鼠的最大特点是生育能力强，繁殖迅速。日本人于江户时代（1603—1867年）发明了一种日本式的算法，被称为"鼠算"，是数量急剧增加或按几何数级增加的算法。具体依据是"正月雌雄两只老鼠生12只小鼠，2月母子老鼠均生12只小鼠，每月如此，至12月，老鼠的数量竟然多达27 682 574 402只"。老鼠繁殖速度之快、数量之多令人惊叹。——译者注

3 "家元制度"与平台战略®的共通之处

在家元制度中，向师父虚心学习礼法的弟子们会逐渐成为老师并开创学习礼法的新场所。如果这些新晋师父招收了新弟子，那么最初的元老级师父便会从教材或资格认证许可中赚取一定费用。这与通过在店铺和用户之间创造中介联系并获取一定利益的平台战略®是一脉相承的。

商业模式 ⑥

社交游戏是一种怎样的商业模式?

向消费者提供免费的游戏

划重点! 灵活运用数字信息以独占优势的经营战略

社交游戏是一种通过趣味性游戏方式增强人与人之间社交的互动网络软件。大多数的社交游戏都是通过免费畅玩的形式来吸引大量的用户的,但是其主要销售额仍是源于部分客户的付费。只是这种收费形式是通过电子货币来进行结算的,用户们通过支付一定数额的费用来获得游戏内的虚拟货币或道具,这被称为"战利

免费增值商业模式

1 免费畅玩用户

"我想尽可能地享受免费的游戏!"

这些用户可以免费体验到游戏的乐趣,但是他们会在社交网络上为该游戏做宣传。因此即便他们没有支付任何费用,却仍然为游戏公司做出了贡献。

2 高级用户

"即便是要花钱,我也要得到这张卡!"

指的是通过支付一定费用来获取游戏道具的玩家。而这些高级用户所支付的费用则是社交游戏公司的主要盈利来源。

品箱"[1]（loot box）。这种向广大受众提供免费服务，然后通过向少数高级用户收取一定费用来实现盈利的模式被称为"免费增值商业模式"（Freemium）。这个词汇其实是由"免费"（Free）和"增值费用"（Premium）这两个词语组合而成的。

　　免费增值商业模式的确立是数字信息所独有的优势。社交游戏具备以下三大优势：① 能够快速且低成本地修改、更新和复制游戏内容；② 能够实现服务与社交网站的联动；③ 能够在保证不同玩家共同合作畅玩的基础上调整游戏的平衡性。而这些优势则能够吸引更多的玩家，促使该游戏流行起来。

---

[1] 战利品箱是一种包含随机酷炫物品的包裹，涵盖几乎所有类型的游戏奖励，包括英雄。每个战利品箱都可以开出至少一件属于该宝箱的具有一定稀有度或更高稀有度级别的物品，所以就算是普通的战利品箱，也有可能包含稀有、史诗或传说品质的物品。——译者注

免费增值商业模式的优势

3 可以修改和复制游戏内容

社交游戏的优势之一就是可以轻松简单地修改和复制游戏内容。比如，游戏中出现的种种道具卡片和人物角色形象会按照稀缺程度来进行分类，等等。

这是一张超级稀有的"狮子卡"啊！

依靠我一个人的力量来清除这场游戏中的所有"敌对力量"简直太难了！我要去社交平台上寻求外援！

失败了！

4 能够实现与社交网站的联动

在保证不同玩家共同合作畅玩的前提下来调整游戏的难易度，并通过与社交网站的联动来吸引新用户加入进来，以此来促使该游戏流行起来。

商业模式 ⑦

既方便又安全的社交网络

Facebook的强大之处在哪里?

划重点! 利用安全性扩大市场份额

Facebook(脸书)作为一种社交平台在日本起步较晚。在此之前,日本市场的主要份额是由社交网站Mixi(日本社交网络服务网站)所占据的,但是Facebook在打入日本市场之后不断后发制人,成为业界的领头羊。

开放性战略

Facebook:大家可以向Facebook提供你们所开发的应用程序和广告啦!

我想要提供宣传广告!

我想要提供应用程序!

Facebook能够取得如此成绩的秘密武器就是"开放性战略"。所谓"开放性战略"就是将本企业的广告和应用程序的开发技术向大众公开,让更多企业能够更加方便地提供应用程序和广告。这样一来,各种吸引用户的内容就会集中在Facebook之上,也就促使其人气瞬间高涨。

另外,Facebook市场份额扩大的另一个主要因素是引入了实名注册系统。这种方式不但能够有效地消除互联网中固有的匿名风险,而且还能够让人们觉得这是一个可以用于商业经营的安全社交网络。另外,由于这些企业们所提供的应用程序主要是用于熟人之间建立联系,所以通过可信任群体的口耳相传便也扩大了市场份额。

第六章 ● 商业模式的基本理论

不,还有一个重要法宝呢!

Facebook扩大市场份额仅仅是依靠"开放性战略"吗?

1 实名制

注册Facebook时必须使用真实姓名。这样一来,用户的姓名和所属关系将会被公开,从而只会与自己所信赖的人建立联系,最终消除了互联网所固有的匿名危险。

您(山田太郎)可能认识的人:铃木花子。

啊,原来铃木也在玩Facebook啊!

既然是这个人推荐的,那么就一定是一款安全的游戏!

这款应用程序好有趣啊!

我也想体验一下,快点儿邀请我吧!

2 安全性

大多数与Facebook相联动的应用程序和游戏都是为了将用户与其熟识的人联系起来。得益于实名制注册,在可信任群体的口耳相传和熟人邀请的情况下,使用该应用程序的人数不断增加,市场份额也就随之扩大。

商业模式 ⑧

如何利用非畅销商品来盈利?
亚马逊公司的强大之处在哪里?

电子商务

积压了大量的库存?!

可以大量处理那些没有实体店铺的商品!

划重点! 成功的秘诀在于可以提供无限多的产品

电子商务(即网上购物)已经彻底改变了消费者的购买行为和商家的零售方法。此时的消费者们可以轻松简单地找到自己所需的商品,而商家也无须租赁店面来展示自己的商品。这样一来,那些原来不受到重视的销量小但种类多的产品或服务由于总量巨大,累积起来的总收益会超过主流产品——这种现象被称为"长尾效应"。

所谓"长尾",是从统计学中一个形状类似"恐龙长尾"的分布特

第六章 商业模式的基本理论

1 头部

当我们将所有商品的种类比喻为"恐龙"时,占整体20%的畅销商品便是恐龙的头部。

> 电子商务造就了"长尾效应"的出现!
>
> 这就是亚马逊公司所采用的商业模式!
>
> "长尾理论"就是要把销售额的增长依托在很多商品之上哟!

长尾效应

2 尾部

销售量较少的利基商品是恐龙的尾部,但由于其种类和数量众多,因此被称为"长尾"。长尾部分的产品大概占据商品总量的80%。

征图的口语化表述演化而来的。如果我们将畅销商品比作恐龙的"头",那么销量较少的利基商品便是恐龙的"尾巴"。长尾模式的有利之处就在于尾部的需求是个性化的、零散的、小量的,所以收益不会为单一商品的受欢迎程度所左右。但是这种模式只有在电子商务物流系统中才能成立,因为在这个系统中,销售成本不会随着产品数量的增加而大幅上升。

亚马逊公司非不但重视"头部"的畅销产品,而且还大量积累需求不旺或销量不佳的产品,并通过汇聚众多小市场来创造出能与畅销产品所能创造出的经济利益相媲美的收益。因此,正是"长尾理论"的应用才造就了亚马逊公司的成功局面。

商业模式⑨

通过商标使用权来盈利

何为品牌授权经营业务？

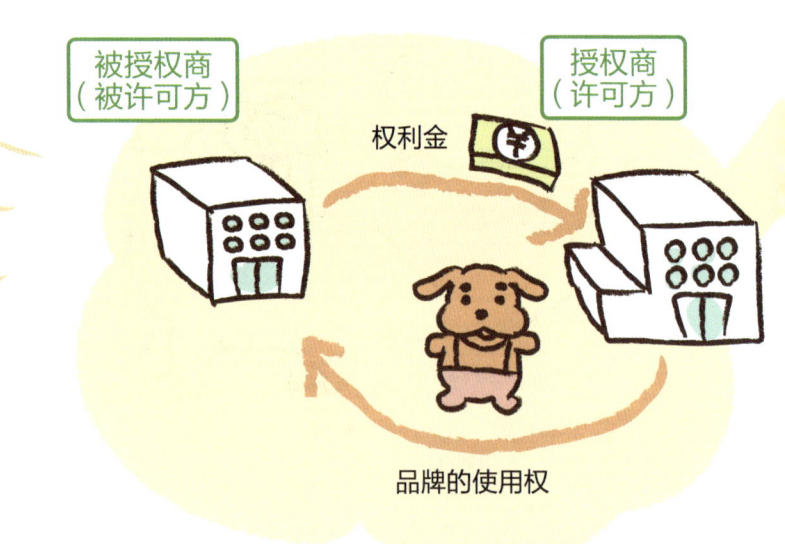

被授权商（被许可方）　　授权商（许可方）

权利金

品牌的使用权

划重点！ 优势在于无须库存便可盈利

所谓品牌授权经营业务是指授权者将自己所拥有或代理的商标及品牌等以合同的形式授予被授权者使用，并从中获取一定权利金的商业模式。在这一商业模式中，既存在拥有授权品牌版权的"授权商"，也必须要有支付一定权利金的"被授权商"。被授权商通过向授权商支付相应的费用来获得在商品或服务中使用授权方所拥有的卡通造型或品牌的权利。

这种品牌授权经营的优势在于授权商无须任何库存也可以通过向被授权商授予品牌使用权来盈利。换言之，授权商可以在不承担任何风险的情况下获取大量的经济利润。但是该商业模式存在一个不利之处，即授权范围越大，授权方就越难百分之百地管理被授权方。尽管如此，品牌授权业务仍然占据了企业销售额的很大一部分，因此可以称得上是一种极具魅力的商业模式。

商业模式 ⑩

获得他人资金支持后便可启动经营项目！
众筹是一种怎样的运作机制？

划重点！ 投资者在知晓风险的前提下继续出资

众筹是指非特定人群通过互联网向寻求协助的人提供原始资金的行为。近年来，引起人们广泛关注的众筹模式已然成为创造前所未有之崭新商业模式的契机。

众筹的优势就在于任何人都可以像向朋友借钱那般轻松简单地筹集到资金并启动新的项目。但是，由于投资者们是在该项目正式盈利前为其注入一定资金，所以对该项目最终能否真正盈利的担忧成为阻碍众筹模式发展的绊脚石。

不过现在有一些众筹APP将投资最低限额下降至300日元左右，这不仅可以消除投资者的顾虑，也可以吸引更多的客户慷慨解囊。

传统的众筹模式

出资

想要启动新项目！

虽然不知道最后能不能成功……

但是我会协助你的！

1 投资者面临的风险

募集项目资金的融资方能否顺利完成该项目尚不确定，即使将资金作为赞助金投入该项目，也无法保证最终盈利，因此投资者不敢轻易投入资金。

当下的众筹模式

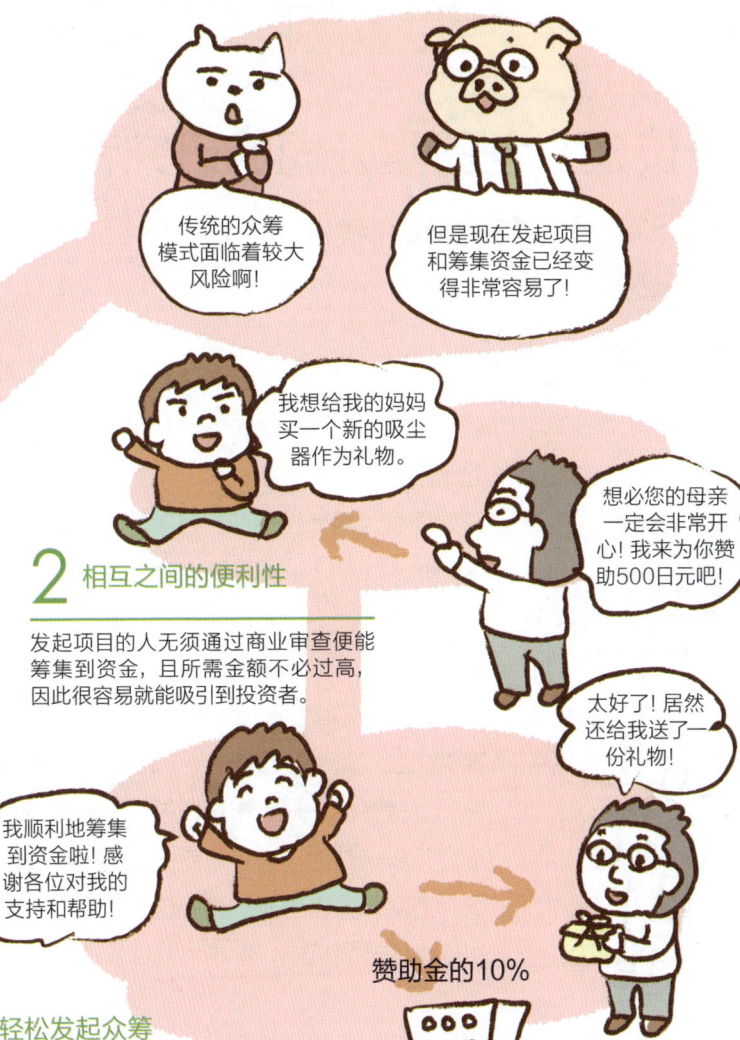

> 传统的众筹模式面临着较大风险啊!

> 但是现在发起项目和筹集资金已经变得非常容易了!

> 我想给我的妈妈买一个新的吸尘器作为礼物。

> 想必您的母亲一定会非常开心!我来为你赞助500日元吧!

2 相互之间的便利性

发起项目的人无须通过商业审查便能筹集到资金,且所需金额不必过高,因此很容易就能吸引到投资者。

> 太好了!居然还给我送了一份礼物!

> 我顺利地筹集到资金啦!感谢各位对我的支持和帮助!

赞助金的10%

3 轻松发起众筹

在众筹中介公司介入的众筹业务中,集资者只需一部智能手机便可轻松地发起众筹项目。虽然集资者需要向中介公司支付一定金额的手续费,但投资者可以从众筹发起者处获得相应金额的物品或服务作为回报。

众筹中介业务经营者

第六章 • 商业模式的基本理论

| 经营学人物档案 No.6 | 克莱顿·克里斯坦森 |

一位建立创新型公司的研究者

创业创新领域的首要研究者

从20世纪90年代后半叶起,发达国家的经济开始停滞不前,而发展中国家的国内生产总值则在不断增长。在这种经济环境中,创新一词开始受到世界范围内的广泛关注,而克莱顿·克里斯坦森(Clayton Christensen)作为企业创新研究的第一人而闻名。1997年,克莱顿·克里斯坦森在《创新者的困境:当新技术使大公司破产》(The Innovator's Dilemma)一书中首次提出了"颠覆性创新"一词。所谓"颠覆性创新"是指降低在现有市场中被认为是理所当然的价值要求,并为市场带来新的价值基准的创新之举。克莱顿·克里斯坦森的这一观点明确了创新战略中的市场机制,即市场最终被非大型企业所占领。

> 创新是一个相对较新的经营战略啊!

第七章

生产管理的基本理论

旨在对生产工序进行整体管理的生产管理环节在企业经营的过程中也占据着非常重要的位置。在本章中，我将为大家介绍过去由不同企业创造出的生产方式和提高生产效率的方法以及生产管理中的优缺点。

生产管理 ①

确保按照生产计划制造产品

何为生产管理?

1 接单生产模式

在接受客户的订单后进行商品生产的方式。虽然这种方式不会带来库存积压的风险,但是不适合大规模生产。

> **划重点！** 以符合生产方式的形式进行管理

生产管理是指为了按照生产计划制造产品而对整个生产过程进行管理的行为。

生产方式主要可分为以下两种：① 接单生产模式，即在接受客户的订单后按照客户要求进行生产的方式；② 预估生产模式，即在不接受订单的情况下根据对客户需求的预期进行生产的方式。

企业根据接单生产和预估生产这两种生产方式来制定不同的生产计划，并实施不同的生产管理方式。

第七章 · 生产管理的基本理论

日式米粉团

请给我拿一个米粉团子吧！

我每天至少可以卖出一个米粉团子呢！

2 预估生产模式

在接受客户订单之前便根据对客户需求的预期来进行生产的方式。虽然这种方式适合大规模生产，但是会带来库存积压的风险。

生产管理 ②

何为盈亏平衡点?

如果企业不能盈利便无法持续经营

划重点! 企业的销售额超过成本金额后便会盈利

企业经营过程中会产生材料费、房租、人工费等各种成本费用。

企业经营的主要目的是通过销售产品来赚取收益,但当企业的销售金额无法超过成本金额时便会处于亏损状态,此时的利润为零。如果一个企

不可能立刻就盈利吧!

企业还是处于亏损状态啊!

我们生产了大量的商品,一定会销量大增!

亏损

亏

业长期处于赤字状态之中，那么便无法持续经营下去。

另外，成本支出又可分为固定成本和变动成本。其中，固定成本是指房租、人工费等经常需要支付的一定金额的费用，而可变成本则是材料成本等一类可根据生产量和销售数量而出现金额变化的费用。当企业的销售额超过成本金额时就会产生经济利润，此时的企业便处于盈利状态。盈余和亏损的分界线就是"盈亏平衡点"。当企业处于盈亏平衡点时，其销售额和成本费用是相同的。换言之，一旦企业达到盈亏平衡点时便已经全部回本，之后用所有的销售额减去成本费用就是企业获得的利润。

盈亏平衡点
通常是指全部销售收入等于全部成本时的界限点。当企业到盈亏平衡点时便意味着已经全部回本。

企业经营中会产生材料费、房租、人工费等各种成本费用。

生产管理 ③

适合大规模生产和少量生产的不同生产方式
有哪些不同类型的生产方式？

> 产品质量相对稳定。
> 作为新手的我也可以参与其中。
> 但是工资好低啊！
> 我厌烦了这种重复式作业！

1 福特式生产方式

是由美国一家汽车公司开发的大规模生产系统。该系统采用生产线流水作业方式。

优点
- 能够缩短工作时间；
- 由于工作步骤简单，所以劳动力成本更低；
- 非熟练工亦可参与生产，且产品质量相对稳定。

缺点
- 建立大规模的生产线就必须投入大量的资金；
- 每名员工的生产效率不同，许多员工不得不腾出手来配合效率低下者。

划重点！ 生产方式随着时代的推移而变化

美国的福特汽车公司从20世纪初开始实施的"福特式生产方式"是典型的大规模生产方式。

简单来说，所谓"福特式生产方式"就是生产线流水作业方式。首先，这种生产方式通过将生产工序分割成若干部分并简化每个环节的工作步骤，从而压缩了工作时间，提高了劳工的生产效率。另外，工作步

2 单元式制造

为应对生产小批量不同产品的需求，日本开发了单元式制造的生产方式。在该生产方式中，由少数员工在U字形工作台上进行生产。

能够切实感受到自己在参与商品生产。

这个太难了！

优点
- 容易应对产量的变化并做出调整；
- 能够让员工们切实产生参与商品生产之感，这有利于提高员工们的积极性。

缺点
- 对员工们的技术水平要求很高；
- 需要投入大量时间来进行员工培训。

骤的简化致使技术含量较低的员工也能正常参与生产，因此也就降低了劳动成本。其次，产品的质量也能保持在相对稳定的水平。然而，"福特式生产方式"也存在相应的缺点，那就是要想建立大规模的生产线就必须投入大量的资金。

为了应对无法大规模生产的产品的需求，企业引入了"单元式制造"的生产方式。

在"单元式制造"的生产方式中，企业开始导入U字形工作台并让少数员工负责多个工序。与福特式生产方式不同，这种生产方式的优点就在于它可以让员工们切实感受到自己是在参与商品生产，而且更容易应对产量的变化并做出调整。

第七章 · 生产管理的基本理论

生产管理 ④

如何减少零部件的过度制造和无效库存？
根据丰田汽车公司的工作方式而开发的生产方式

划重点！ 消除无端浪费的生产方式获得世界范围内的好评

丰田汽车公司的生产方式受到世界范围内的好评。

丰田汽车公司引入了"准时化"的概念，即在需要的时间、按需要的数量取得需要的物品，以此来消除生产现场中的无效劳动与浪费并改善生产不均衡化的状态和管理不到位的现象，从而提高生产效率。而真正使"准时化"能够在生产车间中得以确立的一大方式便是"看板管理系统"[1]。

---

[1] "看板"一词起源于日语，是传递信号控制生产的工具，它可以是某种"板"，如卡片、揭示牌、电子显示屏等，也可以是能表示某种信息的任何其他形式，如彩色乒乓球、容器位置、方格标识、信号灯等。所谓看板管理，是指在生产流程中，在前一道工序使用零部件后，将附在零部件箱子上的卡片，也就是订货单或"看板"取下，然后定时将该纸片返送回后一道工序，以便下次订货之用。总的来说，看板方式就是对生产过程中，各工序的生产活动进行信息上的控制管理。通过看板方式，库存得以减少，甚至接近为零，从而大大降低了成本，实现了较高的生产率。——译者注

> 没有库存了，真痛快！
>
> 这也减少了无效等待时间了！

1 装配车间

传统的制造业中经常出现在需要零件时因缺少而停止生产的情况，但在丰田式生产方式中，这种情况已不复存在。我们无须再保留未使用的闲置零件。

所谓"看板"是一种类似通知单的卡片，主要传递零部件名称、生产量、生产时间、生产方法、运送量、运送时间、运送目的地、存放地点、运送工具和容器等方面的信息和指令。员工们经常将看板附在装有零件的盒子之上，以此来达到及时传递的目的。这种生产方式不但消除了以往制造业中容易出现的零件过度生产的现象，同时也减少了闲置零件的库存。

如今，电子数据化了的看板仍然得到广泛灵活的应用。

第七章 · 生产管理的基本理论

2 零件生产车间

零件生产车间按照"看板"标注的数量来制造零件。这种方式有效地避免了以往制造业中容易出现的零件过度生产的现象。

通过查看"看板"就知道我们需要生产多少个零件！

这次我们要生产150个零件。

3 看板

"看板"是一张写着在什么时候、在哪里、做什么、做多少等信息的卡片，经常被附在零件盒子上。它是真正实现"在必要时候制作必要物品"这一理念的生产工具。

所谓"看板"指的是什么？

生产管理 ⑤

管理供应链并保证其流通顺畅

有哪些提高生产效率的方法？

1 供应链

即从商品开发到将其送到消费者手中的全过程。

准备了大量关于A产品的原材料哦！

我们要大量生产A产品！

原材料采购

制造

> **划重点！** 通过管理从开发到消费的所有流程来提高生产效率

从商品开发到将其送到消费者手中的过程被称为"供应链"。如果这个供应链流通顺畅，那么生产效率就会大大提高。为了实现这一目标，管理供应链的方法即"供应链管理"（Supply Chain Management, SCM）便应运而生。

当下，许多企业开始利用计算机来管理产品的制造、物流和销售并掌握畅销商品的种类，从而避免出现浪费等情况。

2 供应链管理（SCM）

在供应链管理中，我们要共享有关销售的各类信息。例如，如果我们掌握了消费者需要A产品的信息，那么就可以利用所有的生产线来大量生产A产品，从而提高生产效率和经济效益。

批发商："大量进货。"
零售商："A产品非常畅销！"
消费者："购买了许多A产品，好开心啊！"

第七章 · 生产管理的基本理论

生产管理⑥

何为PB商品战略？

零售企业的商品开发战略

划重点! 对客户、零售商和制造商均有益处

想必大家可能经常在便利店和超市看到"自有品牌"（Private Label, PB）产品。所谓"自有品牌"是指由便利店、超市等零售商开发的品牌。

零售商负责商品的策划和开

1 制造商

对于被委托制造自有品牌产品的制造商而言，其优势在于零售商对产品的直接收购有利于保证销售额的稳定。但是弊端在于其利润率要低于使用生产企业商标、面向全国市场销售的全国品牌（NB产品）。

发，被委托的制造商负责商品的生产，这种模式被称为"贴牌生产（Original Entrusted Manufacture, OEM）"。

自有品牌产品的价格要比普通厂家的产品价格低一些，这是因为厂家无须广告宣传而是直接从工厂运送到商店且运费也较低，因此降低了成本从而实现低价销售。

对于零售商而言，这种模式的优势就在于无须建造更多的工厂便可以提高销售量。对于制造商而言，其优势在于零售商对产品的直接收购缓解了库存压力，且可以在零售商的指导下提高生产水平。

第七章 ● 生产管理的基本理论

现在要主打我们企业的自有品牌产品，所以请速速生产。

4 自有品牌产品
因为降低了宣传成本和运输成本，所以价格较为低廉。

味道也很不错呢！

价格也很合适，所以就买自有品牌产品吧！

2 零售商
对于便利店和超市而言，其优势在于无须建造更多的工厂便可以提高销售量，而弊端则在于无法积累与产品制造相关的技术经验。

3 消费者
对于消费者而言，其优势在于可以通过低廉的价格购买到质地精良的商品。

生产管理 ⑦

遵循官方生产标准的产品与不遵循官方生产标准的产品

有生产标准的产品与无生产标准的产品之间有何不同?

划重点! 有些商品因得到消费者的支持而成为行业标准

陈列在零售店之中的商品虽然各自的制造商并不不同,其大小和形状却是一样的。

例如,无论是哪个厂家生产出的电池都可以正常使用,因为电池的大小、形状等规格都是标准化的。

在这些标准中,如日本工业标准JIS[①]一类的由公共机构等制定的标准被称为官方标准。例如,电池

---

① 日本工业标准是指日本国家级标准中最重要、最权威的标准,是由日本工业标准调查会(JISC)组织制定和审议的。根据日本工业标准化法的规定,JIS标准对象除了对药品、农药、化学肥料、蚕丝、食品以及其他农林产品制定有专门的标准或技术规格,还涉及各个工业领域。——译者注

1 官方标准

是指由公共机构制定的标准,如JIS(日本工业标准)等。其弊端在于在制定规格之前需要进行反复讨论,因此会花费大量的时间。

生产规格的统一就是遵循了官方法定标准。

与此相对，业界中还存在一种非官方标准。其主要是指某个厂商的商品很受欢迎，以致其他厂商也开始竞相模仿并生产同样规格的商品，从而使得该规格成为业界中的既定事实标准。个人电脑的Windows操作系统、SD卡和DVD等都是非官方标准的体现。

当然，非官方标准在得到公共机构的认可后也可以成为官方标准。

第七章 · 生产管理的基本理论

我明明买的是CF卡[①]！

我是SD卡[②]，内存**GB。

SD卡
XX GB

我们失败了！

3 引发混乱

在商品A成为符合非官方标准的商品之前，一些消费者会因为产品种类的繁多而感到困惑。另外，那些购买了无法成为符合非官方标准的商品的消费者也会对此感到不便。

2 非官方标准

当某企业的商品A较其他公司的商品具有压倒性优势时，商品A就会成为业界内的非官方标准。

[①] CF卡最早由SanDisk公司于1994年开发推出，由于是早期推出的存储卡，体积相对较大。——译者注

[②] SD卡是Secure Digital Card卡的简称，汉语为"数据安全卡"。SD卡比较小巧，现在广泛用于数码相机等小设备领域。——译者注

生产管理⑧

生产数量越多，单位成本就越低

何为规模经济？

规模经济

1 变动成本

材料成本、采购成本和消耗品等。

我们要大量生产！

什么是规模经济？

随着生产量和销售量的变动而不断增减的费用叫作变动成本。

划重点！ 即便原材料成本上升，房租也岿然不动！

大规模生产的优势在于生产的数量越多，每件商品对应的单位成本就越低，这被称为规模经济。

例如，某家经营蛋糕生产业务的工厂以前每天可以做1万个蛋糕，而如今的日产量增加到2万个。虽然原材料成本增加了，但由于这些蛋糕都是在同一个工厂中生产出来的，所以蛋糕制造商的厂房租赁费用和

> 如果产量是过去的两倍,那么固定成本就会减少一半。

4 降低成本

固定成本的总额为110万日元(房租10万日元+设施费50万日元+人工费50万日元)。当蛋糕的销售量达到2万个时,每个蛋糕的单位固定成本为55日元,即下降了一半。

> 假设某家蛋糕生产厂过去的蛋糕日均产量是1万个,而现在却增加到每天2万个。虽然蛋糕的原材料成本(变动成本)增加了,但由于其均是由同一厂家中相同人数的员工制作而成,所以房租、设施费和人工费均未改变。

> 嘿!

> 嗬!

3 固定成本保持不变

固定成本总额为110万日元(房租10万日元+设施费50万日元+人工费50万日元)。如果蛋糕的销售量是1万个,那么每个蛋糕的单位固定成本是110日元。

2 固定成本

房租10万日元　设施费50万日元　人工费50万日元

第七章 · 生产管理的基本理论

设施费用没有发生变化。

　　换言之,在所有的成本中只有原材料成本在增加,而其他成本,如房租、设施费和人工费,均没有发生变化。这种会增加的成本被称为变动成本,而不会增加的成本则被称为固定成本。

　　由于固定成本保持不变,所以即便变动成本有所增加,我们仍然可以通过增加商品的生产数量来达到降低每件商品单位成本的目的。

　　但是,如果制造商为了生产出更多的产品而不断增加员工人数或设备数量,那么成本也是无法降低的。

生产管理 ⑨

通过扩大业务范围或增加产品种类来降低成本或消除浪费

何为范围经济?

划重点! 业务经营的多元化能够降低成本并提高利润

上一节中介绍的规模经济是一种通过增加生产量来降低成本的生产方式,但本节中所介绍的范围经济则是通过其他方法来降低成本的。

范围经济是指一个企业通过扩大业务范围或增加产品种类来降低成本和提高生产效率的生产方式。例如,过去只在晚上才营业的居酒屋(日本小酒馆)也开始在白天经营套餐业务。此时,店面的租金没有增加,且厨房和其他设施也可以照常直接使用。另外,一次性采购齐白天和晚上所需的食材也能降低成本。综合上述优势,这种经营方式要比在其他地方重新经营一家套餐餐厅节省许多成本。

另外,循环利用产品制造阶段所产生的废弃物也是范围经济的一种体现。

我想要提高经营利润!

1 居酒屋

只在晚上才营业的居酒屋虽然想要增加销售额,却没有余力在其他地方开设新店。

2 范围经济

决定在白天经营午饭套餐业务。此时的房租不变，还可以利用居酒屋的厨房和客席来提高经营利润。这就是范围经济的一个例子。

范围经济的成功案例

3 口罩

夏普公司原本是一家电气机械制造商，但是在新冠肺炎疫情暴发之后便开始生产口罩。它将原本用于生产精密机械的无尘室（能防止灰尘进入的车间）灵活地应用于口罩生产之上。

4 蛋黄酱

生产蛋黄酱的丘比公司使用了大量的鸡蛋，将其作为蛋黄酱的原料，并将蛋壳重新用于化妆品、营养补充剂和食品配料的生产之中。

5 亚马逊（仓库）

亚马逊公司最初是一家图书零售商，但后来利用自身巨大的仓库优势将业务经营范围扩大到食品、服装等各种商品之中。

第七章 · 生产管理的基本理论

经营学人物档案 No.7

萨阿斯·萨阿斯瓦斯

为经营学创建新标准的女性经营学家

构建巨变时代所必需的理论

作为引领21世纪经营学者的经典理论，萨阿斯·萨阿斯瓦斯（Saras Sarasvathy）所提出的"效果逻辑"[1]成了关注焦点。

萨阿斯瓦斯在对大企业的经营者、管理人员，以及业已成功的风险企业创建者的思维模式进行研究时，发现了这两种经营方式之间存在的差异。大企业的经营模式往往倾向于从目标开始倒推思考，以确保计划的顺利实施。与此不同，风险企业的行动模式（即"效果逻辑"）则是从起点出发来思考利用手头的经营资源会构建出一个怎样的未来。

在变化剧烈的时代中，作为"效果逻辑"特征之一的灵活性对于企业管理而言也是不可或缺的。萨阿斯瓦斯的发现给经营学带来了巨大的转机。

> 现在无论哪个企业都很重视能够适应社会变化的灵活思维模式啊！

---

[1] 效果逻辑理论是一种决策逻辑，是创业者在充满不确定性并难以预测的环境下识别多种可能的潜在市场，从现有手段出发，不在意预测信息，投资他们可承担损失范围内的资源，通过在与外部资源持有者互动过程中建立利益共同体的方式整合更多稀缺资源，并充分利用突发事件来创造可能结果的一种思维方式。——译者注

第八章

经营组织的基本理论

一个企业要想获得成功，就必须具备一个良好的组织架构。在本章中，我将从组织成立的必备条件、组织的种类、分析方法、组织变革等多个角度来对经营组织的基本理论进行介绍。

经营组织 ①

经营组织得以成立的三大必要条件

何为经营组织？

何为经营组织？

"经营组织"到底是什么？

对不起啦！

我是孤单一人！

一个完整的组织必须是由两名以上人员共同组成的。

我们要共同协作，一起努力啊！

我要去对面！

我想去那边！

即便人数众多，也缺乏工作干劲！

即使同时存在两名成员，他们各自的目的也大相径庭。

划重点! 经营组织并非单纯只是人的集合体

一个企业要想获得成功,就必须具备一个良好的组织系统架构。一个完整的组织必须是由两名以上人员共同组成的,且其成立必须满足三大必要条件:① 共同目标;② 协作意愿;③ 信息沟通。

第八章 ● 经营组织的基本理论

经营组织成立的三大必要条件

这就是组织成立的条件啊!

让我们朝着同一目标共同奋进吧!

共同目标

让我们共同协作,实现目标!

怎么样?进展顺利吗?

信息沟通

协作意愿

经营组织 ②

如何才能提高经营组织的效率？

激发员工动力更能提高生产效率

划重点！ 为了提高组织效率，必须加强人事管理

为了使组织中的每个人都能呈现出最佳状态（行动水平和业绩），企业必须加强人事管理。人事管理是指对组织所属工作人员进行选拔、使

- 提高组织力就要提高员工的积极性！（总经理）
- **人事评价**：评价员工们的工作状态。
- 清楚把握每位员工的动机。
- 录用最合适的人。
- **动机管理**：提升员工们的工作表现。
- **录用管理**
- **人才开发**：把合适的人才安排在合适的工作岗位上。

用、培养、考核、奖惩和调用等一系列的管理活动。

为了提高组织中每个人的工作效率，最重要的是要提高他们的工作积极性。比如，人员的调转和调动就是在这种目的下进行的。人事管理是通过激发员工的能力，最终达成组织目的的必要手段。

为了调动员工的积极性，组织除了应该给员工们增加薪水外，还应该给员工提供有价值和成就感的工作。这样才能刺激员工们产生实现自我价值的渴望，提高工作的积极性。

第八章 ● 经营组织的基本理论

要提升组织活力就必须要提高员工们的积极性！

既能追求工作价值，又能追求自我价值，简直太棒了！

实现自我价值的渴望

最重要的是要给员工提供有价值的工作。

工作价值是激发员工干劲的秘诀所在。

157

经营组织 ③

经营组织结构包括哪些类型？

经营组织的代表性模式——"职能型组织结构"和"事业部制组织结构"

划重点！ 企业的组织形式伴随着企业规模的改变而改变

经营组织包括多种类型，其中具有代表性的组织形式有"职能型组织结构"和"事业部制组织结构"等。

所谓职能型组织结构是指由人事部、营销部、制造部、财务部等专门部门组成的组织；而"事业部制组织

职能型组织结构

总经理

我只懂得产品销售。　我只懂得产品制造。

营业部经理　　制造部经理

批发科　销售科　　生产计划科　制造科

结构"则是按照经营产品或地区设立不同的事业部（或大的子公司），每个事业部都有自己较独立完整的职能机构。

当然，组织形式也会根据经营战略的改变而改变。职能型组织结构的管理模式常见于业务和产品较少的中小型公司之中，是一种自上而下型的组织形式。

事业部制组织结构的管理模式则赋予了各事业部极大的经营权限并由事业部负责人独立掌握，由其自行管理相关业务。通常情况下，企业在最初都是职能型组织结构的管理模式，之后伴随着企业的不断壮大便逐渐向事业部制组织结构的管理模式转变。

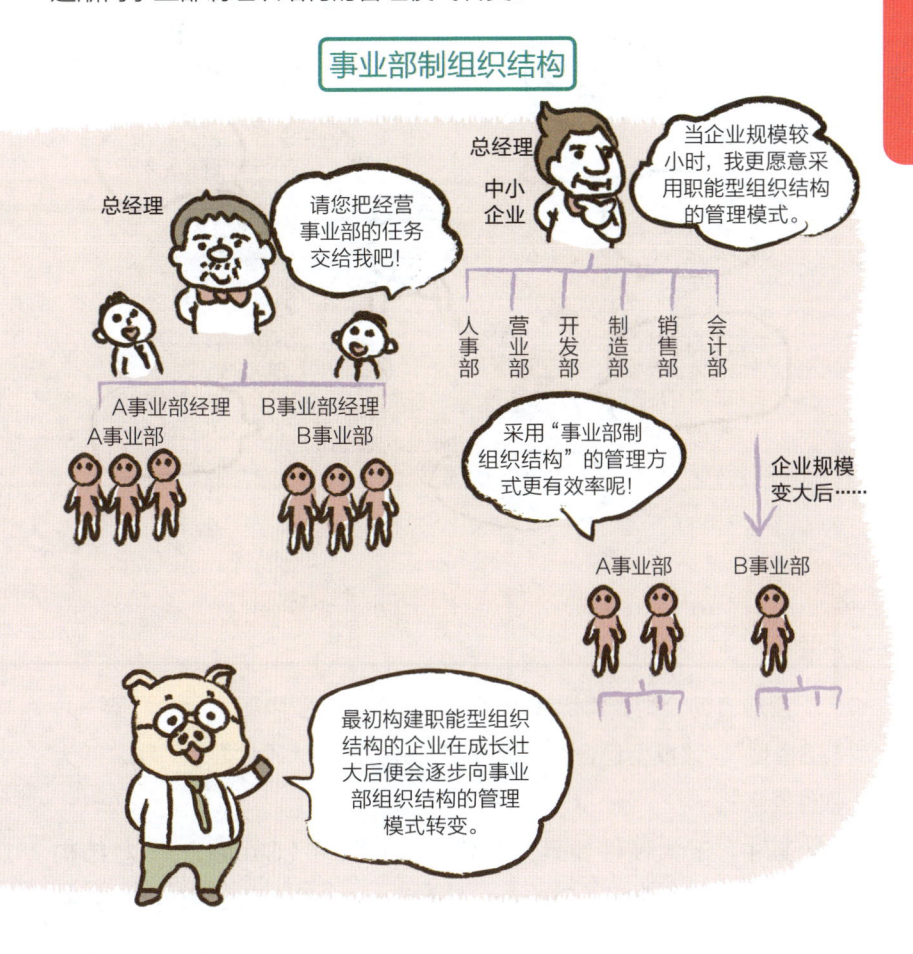

经营组织 ④

从七大角度分析经营组织
如何分析本企业的组织架构?

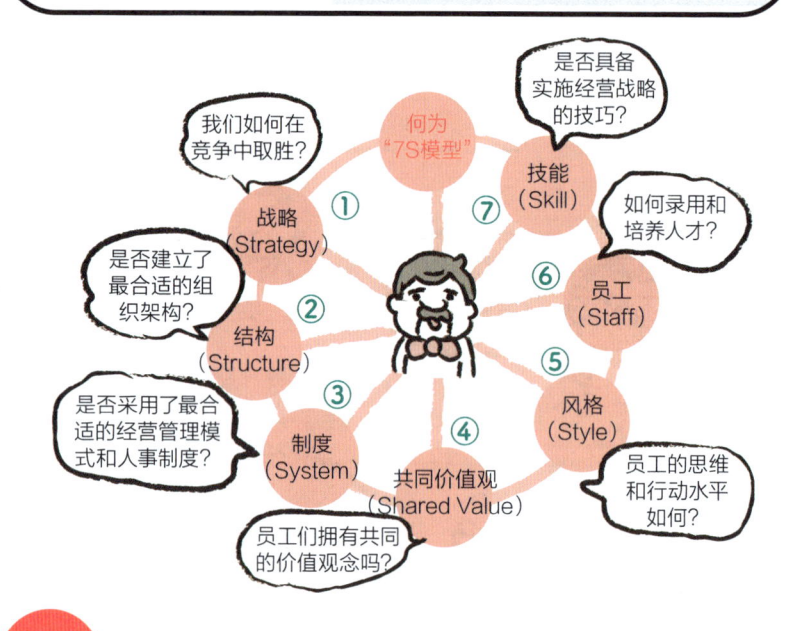

- 我们如何在竞争中取胜？ → ① 战略 (Strategy)
- 是否具备实施经营战略的技巧？ → ⑦ 技能 (Skill)
- 是否建立了最合适的组织架构？ → ② 结构 (Structure)
- 如何录用和培养人才？ → ⑥ 员工 (Staff)
- 是否采用了最合适的经营管理模式和人事制度？ → ③ 制度 (System)
- ④ 共同价值观 (Shared Value)
- ⑤ 风格 (Style) → 员工的思维和行动水平如何？
- 员工们拥有共同的价值观念吗？

何为"7S模型"

划重点! 从七大角度分析经营组织的"7S模型"

　　管理咨询公司麦肯锡提出了用于分析本企业内部状况的框架——"7S模型"。该模型包含的七大要素可分为"三大硬件要素"和"四大软件要素"。

　　其中，三大硬件要素主要包括：① 战略（Strategy）；② 结构（Structure）；③ 制度（System）。而四大软件要素则主要包括：① 共

	市场稳定时期	市场饱和时期
三大硬件要素		
战略	产量越大，盈利越多。	必须要认真对客户群进行调查研究。
结构	熟练完成所承担的任务。	提出符合客户需求的方案。
制度	重视管理，实行年功序列制①。	自主成为能够主动作为的负责人。
四大软件要素		
员工	只需要擅长产品制造即可。	我们缺乏擅长市场营销的人才啊！
风格	重视组织内部政治建设。	一切产品均为客户量身定做。
共同价值观	将顾客的需求当作第一要义。	以合理的价格出售质地精良的产品。
技巧	必须具备成本管理的能力。	必须具备市场营销的能力。

四大软件要素很难在短时间内进行改变。

同价值观（Shared Value）；②风格（Style）；③员工（Staff）；④技能（Skill）。这七大要素并非独立存在，而是相互关联的。因此，有时只要改变其中某一个要素就有可能导致整体发生改变。

例如，当市场从稳定时期走向饱和时期时，组织的经营战略就会发生变化。其中，三大硬件要素是只要组织想要对其进行改变，便无论如何都能在短时间内得到被改变的。但是四大软件要素很难在短时间内实现改变。

---

① 年功序列制：是指工龄越长，薪金待遇越高、地位越高的一种制度。——译者注

经营组织 ⑤

用于组织变革的变革管理理论

如何实施组织变革?

划重点! 组织变革的八大步骤

根据经济学家彼得·德鲁克提出的变革管理理论[1],企业也必须随着时代的变化而做出改变。

---

[1] 企业变革的核心是管理变革,而管理变革的成功来自变革管理。变革管理是指当组织成长迟缓,内部不良问题产生,愈发无法适应经营环境的变化时,企业必须做出组织变革策略,对内部层级、工作流程以及企业文化进行必要的调整与改善管理,以实现企业顺利转型。——译者注

如此下去企业将岌岌可危!

请大家与我一起改造企业吧!

我们的远景规划是怎样的?

远景蓝图

这是我的愿景!

步骤一 建立紧迫感

步骤二 构建强有力的指导联盟

步骤三 绘制远景蓝图并制定战略

步骤四 沟通远景规划

针对如何进行组织变革，彼得·德鲁克提出了以下八大步骤：① 建立紧迫感；② 构建强有力的指导联盟；③ 绘制远景蓝图并制定战略；④ 沟通远景规划；⑤ 授权他人实施变革；⑥ 规划和实现短期成果；⑦ 巩固改革成果、继续变革；⑧ 将新方法制度化。另外，他还指出这八大步骤必须按上述顺序逐一推进且不可遗漏或跳过其中任何一个步骤。当一个企业进行变革的时候，人们就会对负责人的领导能力提出更高的要求。在这种状况下，企业甚至需要某种超越规则的牵引力。这八大步骤对于获得这种领导力而言是不可或缺的重要因素。

企业变革必然会遇到阻力和抵触，所以我们必须认真地制订计划，并在企业内部的沟通中投入一定的时间和精力。

第八章·经营组织的基本理论

这个方案如何？

非常不错！就这么办吧！

谢谢！

短期目标达成！我要给你发奖金！

你们要继续推进晋升制度改革！

总结改革方案，将其确定为公司固定制度。

步骤五
授权他人实施变革（激发员工的自发性）

步骤六
规划和实现短期成果

步骤七
巩固改革成果、继续变革

步骤八
将新方法制度化

按照八大步骤顺序逐步推进组织变革。

经营组织 ⑥

能够将隐性知识转变为显性知识的"SECI模型"

日本人思维中的组织理论是怎样的?

> 通过运行SECI模型可将隐性知识转化为公司内部共有的显性知识。

一桥大学名誉教授
野中郁次郎

划重点! 在企业内部共享不可言传的知识

企业知识可分为隐性知识和显性知识两类:前者是指个人所持有的专有技术等,但其主观性较强,难以用语言表述出来;后者则是指能够用语言来描述的知识。日本企业特别擅长将这种隐性知识转化为显性知识并在企业内部与他人共享,从而创造出新的知识。能够完美体现这一知识创造过程的就是"SECI模型"。

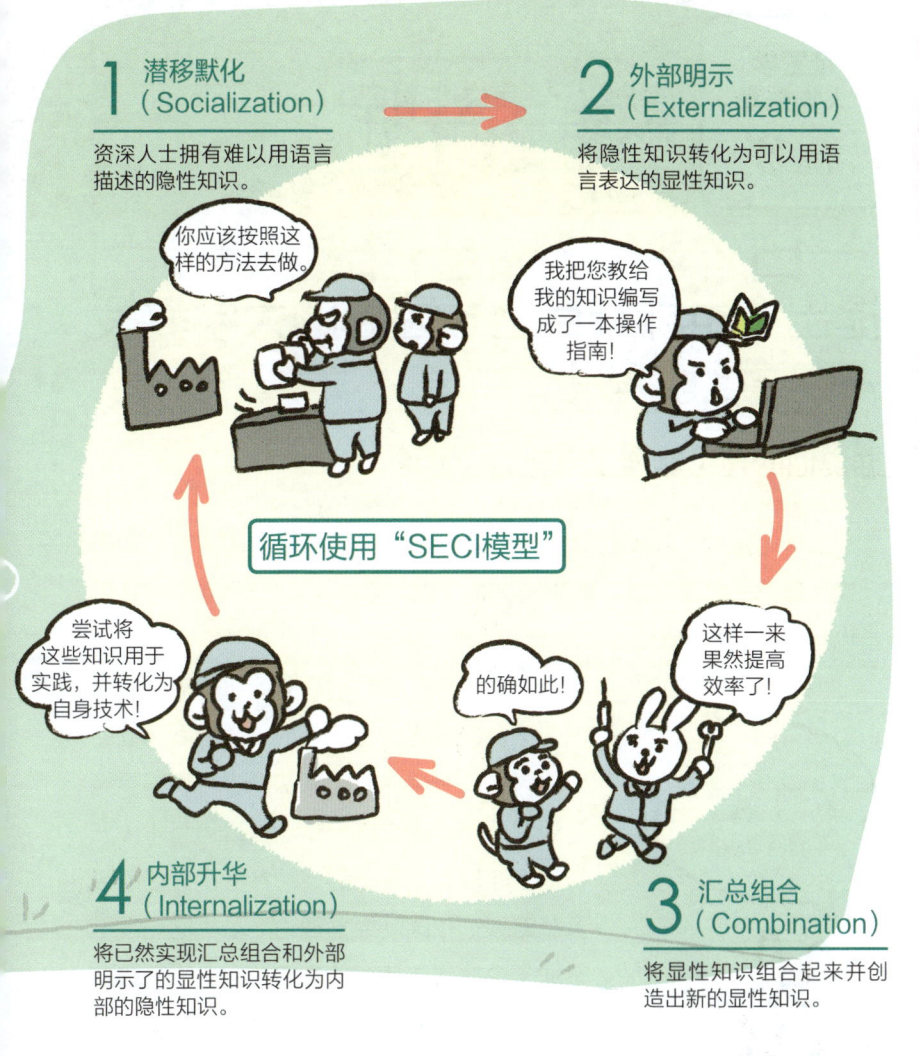

1 潜移默化（Socialization）

资深人士拥有难以用语言描述的隐性知识。

2 外部明示（Externalization）

将隐性知识转化为可以用语言表达的显性知识。

循环使用"SECI模型"

4 内部升华（Internalization）

将已然实现汇总组合和外部明示了的显性知识转化为内部的隐性知识。

3 汇总组合（Combination）

将显性知识组合起来并创造出新的显性知识。

第八章 · 经营组织的基本理论

　　这一过程可分为"潜移默化""外部明示""汇总组合""内部升华"四种模式。

　　其中，"潜移默化"是指通过分享经验来交流隐性知识的过程；"外部明示"是指将隐性知识转化为明确的语言文字，即显性知识的形成过程；"汇总组合"是指将显性知识化的东西组合起来并创造出新显性知识的过程；而"内部升华"则是指通过吸收、消化已然实现汇总组合和外部明示了的显性知识，并将其升华成自身隐性知识的过程。

经营学人物档案 No.8

戴维·蒂斯

提出令世界瞩目之经营论的大学教授——戴维·蒂斯

据说他的理论颠覆了当前的经营论

戴维·蒂斯（David Teece）是专攻经营战略论、革新论、知识产权战略论的经营学家。蒂斯提出的"动态能力"[①]这一经营概念在日本也引起了极大的关注。

所谓"动态能力"是指企业能够迅速认识快速发展变化的商业环境，并根据环境的变化对企业所拥有的经营资源进行调整重组的经营能力。据说这一概念是以迈克尔·波特提出的理论为基础的，并参考了大量的经营战略理论和国际经营理论。虽然这一理论有助于企业建立持续的优势，但由于其存在很多模糊不清的部分，所以目前业界并没有对此做出明确的定义。尽管如此，它仍然被认为是颠覆现有经营理论的新型经营论，受到全世界的广泛关注。

> 在今后的社会变动中，这个概念无疑会变得重要起来。

---

① 动态能力是指"企业保持或改变其作为竞争优势基础能力的能力"。——译者注

第九章

财务金融的基本理论

即使我们想出了经营企业的好点子并看到了胜利的曙光,但如果没有足够的资金使我们的计划付诸实践,那么一切都将无从谈起。在这一章中,我将为大家介绍筹措资金的所有手段以及把握企业财政状况的方法。

财务金融 ①

金融＋技术＝金融科技

何为金融科技？

将两者结合起来。

金融
- 汇款
- 结算
- 资产管理

＋

技术
- 互联网
- 人工智能
- 电脑
- 智能手机

划重点! 亦可用于移动支付①和虚拟货币②的金融术语

金融科技是由金融和技术组合而成的专业术语,指的是将金融服务与信息技术结合起来的一种具有创新性和颠覆性的服务,如智能手机上的电子支付或基于人工智能的资产管理和众筹等。目前,各种各样的新式服务正在陆续出现,其业务甚至拓展到结算、融资、汇兑、审查、资产管理和商业贷款等领域。

① 移动支付是指移动客户端利用手机等电子产品来进行电子货币支付。——译者注
② 虚拟货币本指非真实的货币。在虚拟跟现实有连接的情况下,虚拟的货币有其现实价值。——译者注

金融科技

既简单又便利!

- 国际汇款
- 房贷和车贷等
- 移动支付
- 众筹
- 虚拟货币
- 整合各类支付卡片
- 家庭收支管理
- 会计辅助

金融科技主要应用于这些领域之中!

第九章 ● 财务金融的基本理论

169

财务金融 ②

何为现金流量？

自由现金流量越充足，企业的运营状况越好

划重点！ 通过现金的流动状态来了解企业的运营状况

企业间进行商品或服务交易时，出售商品的时间一般与实际收款的时间并不一致。在收到货款之前，企业为了偿还货款或采购商品就必须通过借贷等方式进行资金周转。这种现金的流动被称为现金流量。

1 什么是现金流量？

是指现金的流动。

> 虽然我是这个月购入商品，但可以在下个月支付购买资金。

> 请把这些原材料卖给我吧！

> 好的！

5000日元

在现金流量表中，将现金流量分为三大类：经营活动现金流量、投资活动现金流量和筹资活动现金流量。

其中，经营活动现金流量是指公司通过主营业务获得的资金与支出之差；投资活动现金流量是指与手头资产相关的资金变化，如进行设备投资或出售设备等；筹资活动现金流量则是指无法通过营业或投资获得而需从银行或股东处筹集到的资金流量。

其中，经营活动现金流量和投资活动现金流量之和被称为"自由现金流量"，自由现金流量越充足就意味着企业的经营状况就越好。

第九章 ● 财务金融的基本理论

现金流量的三大类型

2 经营活动现金流量
获得的资金与支出之差。

请借贷给我一笔钱吧！

经营活动现金流量和投资活动现金流量之和被称为自由现金流量。

4 筹资活动现金流量
无法通过营业或投资获得而需从银行或股东处筹集到的资金。

请求融资！

3 投资活动现金流量
与手头资产相关的资金变化。

财务金融 ③

何为财务报表？

由资产负债表、利润表和现金流量表组成的财务报表

划重点！ 财务报表是企业经营业务的成绩单

当我们想了解一家企业的经营状况时就需要查看它的财务报表。财务报表是以向相关人员汇报企业经营活动的财务结果为目的而编制的一套会计数据，是了解企业经营状况和财政状况的报告单。

资产负债表

企业现阶段拥有的资产和负债状况。

XX咖啡店

我的店铺究竟拥有多少资产呢？

第九章 ● 财务金融的基本理论

　　财务报表主要由资产负债表、利润表和现金流量表组成，而这三者也被称为"财务三表"。其中，资产负债表主要用来表示现阶段的资产状况；利润表主要体现企业在一段时间内的收入和支出；而现金流量表则主要用来表示企业实际的资金流动。

　　通过这些表格，我们可以从破产的可能性（安全性）、盈利能力（收益性）和长期以来销售额是否增长（成长性）等角度对企业经营业务的情况进行分析。其他公司和提供贷款的银行也会根据财务报表对企业的经营状况等做出各种判断。

财务报表

财务三表

利润表
企业在一段时间内的收入和支出

现金流量表
企业实际的资金流动

我在这一年当中究竟盈利多少或亏损多少呢？

实际上有多少资金处于流通状态，手头又持有多少资金呢？

财务报表是企业的成绩单。通过它我们可以判断一个企业的安全性、盈利能力和发展潜力。

上升↑　下降↓
销售额

173

财务金融 ④

衡量企业经营状况的标准——经营指标

何为经营指标?

能够偿还负债吗?

安全性

您的存款余额只有这些了!

■ **流动比率**
分析企业的短期偿债能力。

■ **速动比率**
表示可迅速转化为现金的资产百分比。

划重点! 可用于分析竞争对手及企业并购（M&A）的一系列指标

我们可以通过查看一家企业的财务报表来了解其经营状况，但在实际过程中则需要进行更细致的分析。

当成本较高且无法产生利润时，我们就可以参考一个叫作"销售毛利率"的指标，其计算方法是用利润除以销售额再乘以100。我们把诸如此类的指标统一于"经营指标"的概念之下。除此之外，我们还要调查企业从其资产（包括工厂机器在内）中获得的利润以及企业从其获得

第九章 财务金融的基本理论

盈利能力

- 销售毛利率
  用利润除以销售额再乘以100。

- 资产收益率
  公司从其资产（包括工厂机器）中获得的利润。

资产收益率=（净利润/平均资产总额）×100%。

销售毛利率越高，就意味着商品收益越好。

- 净资产收益率
  分析获得的投资产生了多少利润。

- 营收增长率・利润增长率
  预判企业在此后数年之内的成长发展。

发展潜力

- 股息支付率
  体现企业对投资和股东的重视程度。

除此之外我们还有很多经营指标呢！

的投资中产生的利润。前者被称为"资产收益率"，后者则被称为"净资产收益率"。

这些经营指标可以用于分析竞争对手、判断交易对象的财务状况、开展新业务时对其他公司进行分析、企业并购，以及进行业务合作时考虑优先备选对象等场合之中。

这些指标都是用百分比来表示的，是衡量一个企业经营状况好坏的标准，例如，当某项指标低于100%时就会被认为是一个危险信号。

175

财务金融 ⑤

上市企业的价值是以市价总值来计算的

何为股票市价总值？

股票市价总值就是用股价乘以已发行股票的数量。

股票市价总值

股价

股票数

划重点！ 以股价和发行数量为基础来体现企业的市场价值

在评估一家企业的市场价值的问题上，股价发挥着很大的影响力。就上市企业而言，其股票是可以进行交易的，且每只股票均有一定的股价，但是不同企业的股价单位也不尽相同，所以仅凭股价是很难对企业价值进行比较的。因此，人们便用股价乘以已发行股票数量之后所得的"股票市价总值"来表示各企业的市场总额。例如，如果某企业以1股

计算未上市企业市场价值的三大方法

> 如何计算未上市企业的市场价值呢?

> A企业的资产包括:自己的工厂、三栋大楼以及银行贷款XX日元。

财务报表

1. 根据财务报表来计算。

> A企业的经营业务与规模同上市企业B企业大致相似。

B企业

2. 参照规模和业务内容相似的上市企业的股价来进行计算。

> 通过预测该企业未来五年的现金流量来估算其市场价值。

未上市的A企业

3. 以自由现金流量为基础进行计算。

自由现金流量越多,就意味着该企业的经营状况越好。

10万日元的价格发行1000只股票,那么其股票市价总值为1亿日元。

那么,如果是未上市企业,那又该如何呢?通常情况下,我们会运用以下三种方法:①根据财务报表计算资产;②参照规模和业务内容相似的上市企业的股价来进行计算;③以自由现金流量为基础进行计算。

所谓自由现金流量是指企业从其经营活动中赚取的资金减去其为维持当前业务所需投入资金之后的剩余资金。

第九章 • 财务金融的基本理论

177

经营学人物档案 No.9 彼得·德鲁克

描绘企业理想状态的人并不是经营学家，而是哲学家？

他的管理思想引起了全世界的关注

> 据说德鲁克把自己称为"社会生态学家"。

被誉为"20世纪的知识巨人"和"管理学之父"的彼得·德鲁克从企业咨询的经验中总结出了企业经营的理想状态。其著作的主要特征是从不直接论述经营企业的方法，而是从经营者的应有状态出发讲述一些类似于经营哲学的知识。因此，他更多地被称为哲学家而非经营学家。

德鲁克认为，企业是为了对社会做出贡献而存在的，履行社会责任是企业的义务。德鲁克的著作一直是畅销书籍，对全世界产生了深远的影响。他可以称得上为经营学，特别是管理思想方面，立下了汗马功劳。

参考文献

カール教授のビジネス集中講義 経営戦略
平野敦士カール　著　（朝日新聞出版）

カール教授のビジネス集中講義 ビジネスモデル
平野敦士カール　著　（朝日新聞出版）

カール教授のビジネス集中講義 マーケティング
平野敦士カール　著　（朝日新聞出版）

カール教授のビジネス集中講義 金融・ファイナンス
平野敦士カール　著　（朝日新聞出版）

図解カール教授と学ぶ成功企業31社のビジネスモデル超入門！
平野敦士カール　著　（ディスカヴァー・トゥエンティワン）

大学4年間の経営学見るだけノート
平野敦士カール　監修　（宝島社）

ゼロからわかる！経営戦略見るだけノート
平野敦士カール　監修　（宝島社）

知識ゼロでも今すぐ使える！ビジネスモデル見るだけノート
平野敦士カール　監修　（宝島社）

大学4年間のマーケティング見るだけノート
平野敦士カール　監修　（宝島社）

プラットフォーム戦略
平野敦士カール、アンドレイ・ハギウ　共著　（東洋経済新報社）

マーケティング+ビジネスモデル+販売戦略の基礎がこの1冊でまるわかり！ 経営学の基本ゆる図鑑

平野 敦士 カール

Copyright © 2021 by Carl Atsushi Hirano
Original Japanese edition published by Takarajimasha, Inc.
Simplified Chinese translation rights arranged with Takarajimasha, Inc., through Shanghai To-Asia Culture Co., Ltd.
Simplified Chinese translation rights © 2020 by China Science and Technology Press Co., Ltd.

北京市版权局著作权合同登记 图字：01-2021-7115。

图书在版编目（CIP）数据

图解经营学 /（日）平野敦士卡尔编著；刘江宁译 . — 北京：中国科学技术出版社，2022.4

ISBN 978-7-5046-9438-6

Ⅰ. ①图⋯ Ⅱ. ①平⋯ ②刘⋯ Ⅲ. ①经营经济学－通俗读物 Ⅳ. ①F272.3-49

中国版本图书馆 CIP 数据核字（2022）第 028793 号

策划编辑	杜凡如　褚福祎
责任编辑	庞冰心
封面设计	马筱琨
版式设计	锋尚设计
责任校对	焦　宁
责任印制	李晓霖

出　　版	中国科学技术出版社
发　　行	中国科学技术出版社有限公司发行部
地　　址	北京市海淀区中关村南大街 16 号
邮　　编	100081
发行电话	010-62173865
传　　真	010-62173081
网　　址	http://www.cspbooks.com.cn

开　　本	880mm×1230mm　1/32
字　　数	157 千字
印　　张	6
版　　次	2022 年 4 月第 1 版
印　　次	2022 年 4 月第 1 次印刷
印　　刷	北京盛通印刷股份有限公司
书　　号	ISBN 978-7-5046-9438-6 / F·983
定　　价	59.00 元

（凡购买本社图书，如有缺页、倒页、脱页者，本社发行部负责调换）